成就完整的人
——师范教育价值取向发展研究

胡晓珊   著

四川大学出版社
SICHUAN UNIVERSITY PRESS

图书在版编目（CIP）数据

成就完整的人：师范教育价值取向发展研究 / 胡晓珊著. -- 成都：四川大学出版社，2024.7. --（博士文库）. -- ISBN 978-7-5690-7062-0

Ⅰ. G65

中国国家版本馆 CIP 数据核字第 2024VS3342 号

书　　名：成就完整的人——师范教育价值取向发展研究
　　　　　Chengjiu Wanzheng de Ren——Shifan Jiaoyu Jiazhi Quxiang Fazhan Yanjiu
著　　者：胡晓珊
丛 书 名：博士文库

丛书策划：张宏辉　欧风偎
选题策划：宋彦博
责任编辑：宋彦博
责任校对：吴连英
装帧设计：墨创文化
责任印制：李金兰

出版发行：四川大学出版社有限责任公司
　　　　　地址：成都市一环路南一段 24 号（610065）
　　　　　电话：（028）85408311（发行部）、85400276（总编室）
　　　　　电子邮箱：scupress@vip.163.com
　　　　　网址：https://press.scu.edu.cn
印前制作：四川胜翔数码印务设计有限公司
印刷装订：成都金龙印务有限责任公司

成品尺寸：170mm×240mm
印　　张：13.25
字　　数：225 千字

版　　次：2024 年 9 月 第 1 版
印　　次：2024 年 9 月 第 1 次印刷
定　　价：62.00 元

扫码获取数字资源

四川大学出版社
微信公众号

从学理上讲，师范教育的价值取向，乃至教育的价值取向，应当在社会本位与个人本位之间达成某种合理的平衡。然而长期以来，我国师范教育的价值取向相对偏重以社会发展为标尺，导致师范教育中存在一定程度的"人"的边缘化，从而限制了师范生生命发展的完整性，制约着师范教育乃至整个教育的高质量发展。本书旨在对我国师范教育价值取向进行梳理和分析，尝试探讨国家作为决策者对师范教育价值取向在社会和个人之间所做的权衡与抉择，并对师范教育价值取向存在的不足做出判断。在此基础上，基于对"人"的理解，阐明师范生作为完整的"人"的地位与价值，以此来重构师范教育价值取向。

依据以上思路，本书分为以下四个部分进行论述：

第一部分是师范教育价值取向的认识路径及分析框架。基于对价值取向主客体关系认识路径的梳理，以师范教育价值取向主体的价值观念层、需要层和行动方向层为师范教育价值取向的构成要素，以该主体认知之下的师范教育定位、目的和实践路径为分析维度，从而整体、完整地构建师范教育价值取向分析框架。

第二部分是师范教育价值取向的历史回顾与分析透视。以新中国成立至今的社会改革及教育调整为依据，将师范教育划分为四个阶段：急速发展期（1949—1957年），从新中国成立至1957年；调整停滞期（1958—1977年），从"大跃进"到改革开放前夕；恢复重建期（1978—1999年），自改革开放开始至师范教育混合开放体系初步形成；转型提升期（2000年至今），自素质教育的全面推进至今。这部分研究主要采用文献研究法和历史分析法，从各个时期的社会改革、教育及师范教育调整、政策文本、具体的培养模式和措施入手，对国家的师范教育价值取向之价值观念层、需要层及行动方向层

进行剖析，以呈现各阶段师范教育价值取向的特定格局。进而，基于对师范教育价值取向的历史回顾，分析以往过于重视社会及其需要的师范教育价值取向中存在的价值观念层单一化、需要层片面化及行动方向层工具化等偏差。

第三部分是师范教育价值取向重构的人学视角阐释。基于师范教育价值取向发展进程中"人"的边缘化问题，反思人的地位与价值，对人的内涵、人与社会的关系、人与教育的关系进行梳理与总结。在此基础上，对人的属性、存在方式及需要进行解析，从而为立足师范生作为完整的"人"的立场来重构师范教育价值取向奠定理论基础。

第四部分是师范教育价值取向的整体重构。结合师范教育历史发展，基于师范教育价值取向分析框架，重新确立"以师范生为本"的价值观念，围绕促进个体性发展和社会性发展的职责，以师范生的生命完善为需要，并选择相应的激发师范生生命活力的行动方向，全方位地对师范教育价值取向进行重构。

本书从价值取向"本体论""认识论"出发，聚焦师范教育领域，尝试性地对师范教育价值取向进行整体重构，以期为相关部门管理者、教师及师范生明确师范教育乃至教育的本质定位、时代责任与现实应对提供助益。本书的出版得到成都大学人文社会科学出版资助基金（编号：CBZZ202402）资助，特此致谢。

在本书写作过程中，作者学习、借鉴和吸收了国内外众多专家学者的研究成果，在此一并致谢。限于时间和水平，书中疏漏之处在所难免，敬请读者批评指正。

胡晓珊

2024 年 6 月

目　录

绪　论

　　百年大计，教育为本；教育大计，教师为本。从某种意义上说，教育质量和国民素质的提升，依赖于教师队伍质量的优化。而教师队伍质量的优化，又以师范教育的质量为基础。师范教育的质量关乎国家、民族和个人的发展，其重要性不言而喻。

　　1949 年以来，我国经历了多次重要的社会变革，社会思想观念也进行了多次转变与融合。在此背景下，教育部门对师范教育的培养目的、培养模式及办学体制、实践路径等各方面都进行了一系列改革。这些改革的原始动力与社会政治、经济的发展相关联，与不同时期国家和社会对人才的需求相关联，也与师范教育运行过程中的实际问题相关联，影响着师范教育的价值取向。但总的来说，从我国师范教育近几十年的发展状态来看，其价值取向长期偏向于以社会发展为主导，对师范生自我发展及生命完善诉求的观照不足。由此，本书对师范教育价值取向进行了研究，从宏观层面对师范教育价值取向展开了历史回顾，并对其存在的不足进行分析透视，进而在对"人"的理解之上，审思师范教育中师范生作为完整的"人"的地位与价值，并以此为依据探讨师范教育价值取向的重构，以期助力完善教师教育的理论体系，明晰教师教育转型的实践路径。

一、研究缘起

（一）社会转型对师范教育提出的挑战

　　新中国成立初期，受限于特定历史背景和条件，教育必须强调自身对社会稳定、发展的作用，难免对人的主体性及人的生命价值关注不足。随着全球经济一体化及我国改革开放的深入、社会主义市场经济的发展，各种思想

传入，我国迎来了一场广泛而深刻的社会变革。此时，整个社会打破了静止、封闭的状态，内部的改革意愿以及外部的影响促使各种力量有机交织、积极互动，"多元""开放""和谐"逐渐成为社会主流观念。

新的时代促进人们开始重新审视个人与社会的关系，思考人的地位与意义。如何认识人的价值，建立一种以鲜活个体的生命实现为前提，个体与社会相互依靠、共生共荣的关系形态，是当前教育迫切需要解决的问题。由此，作为"教育之母"的师范教育，理应厘清师范教育、师范生与社会三者的关系，更好地促进自身本体价值的实现并带动整个教育的和谐发展。这是新时期师范教育所面临的时代挑战。

（二）师范教育价值取向的反思

在新中国成立后的很长一段时间里，师范教育被视为促进社会稳定及发展的手段，更强调理论知识的单向授受和教学技能的机械训练，将师范生看成知识与技能的载体。在这种被知识本位和技术主义主导的培养模式中，师范生主动思考、分析及反思的意愿和能力在一定程度上被忽视，无形中被形塑为遵从固定模式和方法运作的"教书匠"。

随着改革开放的推动以及教育改革的逐步深入，教师的专业知识、专业能力与专业素质备受重视。同时，师范教育也走向内涵式发展道路，开始关注师范生在教育教学领域的内源性发展、专业素养养成与实践能力生成。当下所强调的专业发展取向相对于传统师范教育而言无疑是向前迈进了一大步，但师范教育对各种专业素养的强调归根结底是从职业需求和专业发展的角度提出的，对师范生丰富、完整的生活世界的观照依然有所欠缺，师范教育的工具化倾向仍然比较明显。诚然，师范教育理应具有满足社会发展需要的工具性价值。然而，如果把这种工具性价值核心化、终极化，把人的生命成长与社会发展割裂开，那么师范教育的发展必将出现偏差。

（三）师范教育理论研究的诉求

师范教育价值取向是教师培养理论与实践的指向标，它决定着师范教育的培养目标、培养模式、课程设置及组织管理等各方面。尽管师范教育价值取向的重要性是有目共睹的，但其研究成果却不尽如人意。笔者在搜集资料时发现，诸如"教育价值取向""教师教育价值取向"的研究成果颇丰，然而，学界对作为预备教师培养关键阶段的师范教育的价值取向却缺乏关注。且在为数不多的相关研究中，又以师范教育阶段课程、体系、政策等某一环节的价值取向研究为主，而整体的、统合的师范教育价值取向研究文献更是寥寥无几，其理论成果的贫乏与师范教育的重要地位形成强烈反差。与此同时，从师范教育现状来看，师范教育工具化问题仍较为突出，迫切需要理论研究的支持，以促进更合理、更科学的当代中国师范教育价值取向的构建。鉴于上述问题，有必要对师范教育价值取向进行深入、全面的探究。

二、文献综述

下面主要从"价值""价值取向""教育价值取向"和"师范教育价值取向"四个方面进行文献综述。首先，从价值研究的历史回顾及价值的内涵研究入手，明确价值的含义和认识路径，这是本书研究的起点。其次，基于价值取向的内涵、影响因素、特点及相关概念的辨析来探究价值取向的基本概念及立场，这是本书研究的理论基础。再次，基于教育价值取向的内涵、变迁、视角、问题和方法论研究来厘清教育价值取向研究的基本思路和方向，为师范教育价值取向的重构提供借鉴。最后，基于已有的师范教育价值取向统合研究，师范教育政策、课程、体系的价值取向研究，以及教师在职阶段的价值取向研究，总结师范教育价值取向发展的趋势，并在已有研究所取得的进展和不足的基础上，明晰师范教育价值取向研究应该持有的基本态度，从而确定本书研究的逻辑起点。

（一）关于价值的研究

关于价值的研究，主要涉及价值研究的历史回顾以及价值的内涵研究。对"价值"概念及其认识路径的明确是深入理解价值取向的基础。

1. 价值研究的历史回顾

要理解价值取向的内涵和要旨，首先要了解什么是价值。从"价值"的

源起来看，虽然一般价值论这一哲学分支诞生于 19 世纪中期，但是西方哲学体系中对价值现象的思考由来已久。

古希腊哲学家、古代原子论唯物论者德谟克里特提出了"人应当怎样生活"这一富有深刻含义的命题，并认为"追求对灵魂好的东西，是追求神圣的东西；追求对肉体好的东西，是追求凡俗的东西"①。智者学派的普罗泰戈拉肯定了人的主体地位，指出"人是万物的尺度"，这是哲学史上对人自身价值的第一次直接的肯定。苏格拉底认为"未经审视的生活是毫无价值的"。这些都是西方古代先贤在特定历史条件下，站在"人"的立场所作出的价值判断。

18 世纪，英国经验主义哲学家休谟最早从哲学上分析了"价值"与"事实"之间的鸿沟。休谟在《人性论》第一卷的单行本《人类理智研究》中论证了观念的因果联系中联系的不可知性，指出由"是"不能推导出"应该"，由"事实"命题不能推导出"价值"命题。他认为"事实"从经验观察得来，而且可以由经验来验证，所以是可靠的，而"价值"则不从经验得来，不能由经验来验证，也就无所谓真理和谬误。康德将此观点称为"休谟问题"，这一命题成为价值论研究的基本假设。康德在休谟的基础上将知识分为"事实知识"和"价值知识"，并在《实践理性批判》中将"实践理性"定义为具有自由意志的个人自觉服从规范（理性），法律是否定性规范（禁止什么），道德是肯定性规范（人应该做什么）。"实践理性"是应然，是价值判断，"自然法则"（实然）与"道德法律"（应然）是分开的。德国启蒙主义学派代表人物、"美学之父"鲍姆加登在元美学研究中引入"价值"。鲍姆加登将人的心理活动分为知、意、情，其中：知是理性认识，由逻辑学来研究；意是人的意志，由伦理学来研究；情是人的情感，应由美学来研究，并将美学界定为"关于审美价值的科学"。新康德主义弗莱堡学派的创始人文德尔班进一步将世界分为"事实世界"和"价值世界"。从休谟到文德尔班，价值哲学的研究对象与问题逐渐明确和成熟，价值也从作为道德学、伦理学、美学等学科的元研究，逐渐成为哲学基础理论的分支学科。

---

① 李翰文，冯涛. 辞书大全：格言警句辞典［M］. 北京：九州出版社，2001：106.

中国传统哲学中早有关于价值的论述与讨论，但是与近代哲学价值论意义相当的价值观念和理论是由 1934 年张东荪的《价值哲学》一书引入中国的。价值理论进入中国后经过几十年的发展，形成了独立的研究领域，也经历了被批判为"唯心主义伪科学"的阶段。改革开放后，随着理论上的争鸣和学术界氛围的改善，价值哲学研究逐步兴起。学者杜汝楫首先开展了价值与评价的研究，其在真理标准讨论的浪潮下，通过价值学说进一步讨论马克思主义认识论，并提出社会实践是价值的客观标准。[①] 1982 年，罗国杰从马克思主义伦理学的视角阐释了价值的本质。他认为价值是事物（物质客体、实践活动和意识活动）的属性，这种属性体现在事物对社会、阶级和个人的意义上。[②] 这种观点受制于时代背景，对主体的认识没有完全跳出阶级学说，但对人的主体性，以及人在价值关系中的地位有了更进一步的阐释。李连科和李德顺在随后发表的《关于马克思主义哲学价值论的探讨》《关于"价值真理"和主客体概念》等文章中从实践中主客体的关系入手，分析了真理与价值的辩证关系，这些论述均是站在主体的角度进行的探究，明确了价值问题的主体性。

2. 价值的内涵研究

自休谟提出"价值判断不能从事实判断中推导出来"的命题，开启了哲学价值学研究之后，价值学逐渐成为哲学研究的显学，不同哲学流派基于不同的本体论和认识论，对"价值"做出了不同的界定，现有观点主要包括"观念说""属性说""实体说"和"关系说"。

"观念说"认为价值是人的心理表现，价值本质上是人的主观精神现象，是主体精神存在及其感受状态的一种形式。例如奥地利学者迈农，他作为价值论早期代表，认为价值区别于客观现实存在，来自并存在于人的精神或意识之中。

"属性说"认为价值是对象本身固有的属性，是人或物的一种独立的

[①] 杜汝楫. 马克思主义论事实的认识和价值的认识及其联系 [J]. 学术月刊，1980 (10)：1—10.

[②] 罗国杰. 试论马克思主义伦理学的价值观 [J]. 哲学研究，1982 (1)：9—17.

"特性"，这种属性天然因客体本身而存在。只要客体存在，就有价值，也就是说价值是确定的，与主体无关。

"实体说"认为价值是一种客观存在的实体，有价值的事物本身就是价值的实体，或价值的实体包含在有价值的事物中。例如，庸俗唯物论就把价值与作为客体的价值物等同，把有价值之物就叫作价值，将价值的一般抽象当成独立实体。

"关系说"克服了传统价值主观主义和客体主义的局限，认为价值是一种关系，就像婚姻一样。价值既不是作为人和事物、主体和客体任何一方的实体或属性而独立、静止地存在，也不是作为观念抽象而存在。它作为一种"关系质"或"关系态"而产生和存在着，离开了具体的主客体关系无所谓价值。① 价值的"关系说"界定是当前学术界的主流认识。

马克思指出，"'价值'这个普通的概念是从人们对待满足他们需要的外界物的关系中产生的"②。马克思把价值当作自然物与人的需要在实践基础上的统一。也就是说，价值并非主体的观念、客体的属性或实体本身，而是一种关系，是主体需要与客体属性之间的一种特殊关系。

这种"关系说"界定也受到我国学者的普遍认同，比如潘加森认为"价值判断"与"事实认识"是哲学认识论的两翼，"价值是主体与对象在需要与满足需要上实现的一种关系，所以价值概念属于关系范畴"，并将之界定为："价值是人（主体）－物（对象）系统在需要与满足需要上实现一体化的系统质。在哲学价值论中，只有需要的发动者，没有价值的独断者，只有需要的满足者，没有价值的独占者。"③ 王坤庆在《教育哲学——一种哲学价值论视角的研究》一书中，将价值定义为："作为主体的人的需要与作为需要对象的客体的属性之间的一种特定的关系"④，同样认为价值属于关系范畴。

---

① 方迪启. 价值是什么——价值学导论 ［M］. 台北：台湾经联出版事业公司，1986：115－131.

② 中共中央马克思恩格斯列宁斯大林著作编译局. 马克思恩格斯全集（第19卷）［M］. 北京：人民出版社，1963：406.

③ 潘家森. 价值概念我观——兼评"价值泛化"论 ［J］. 国内哲学动态，1986（5）：24－28.

④ 王坤庆. 教育哲学——一种哲学价值论视角的研究 ［M］. 武汉：华中科技大学出版社，2006：171－172.

"关系说"的界定充分强调了主体与客体双方关系对价值形成的作用，在这种理解之下，有学者指出，主客体双方对于价值形成的作用不是均等的，主体在关系范畴中占据主导。例如，马凤岐在承认价值属于关系范畴的前提下论述道："我们不是希望在两者之间寻找一种平衡，而是明确表示应该从主体的需要去说明对象的价值，在价值关系中主体的需要是主导方面，是积极方面，客体的属性，则是被说明的方面，是消极方面，在这两个方面中，我们更为关注主体的需要，并把它作为研究价值问题的突破点。"[1] 李德顺也从主体性的视角来认识价值，他认为："主体对客体的作用包含了从主体的结构和规定性出发，需要-目的-效益等方面的基本内容环节，其总的性质和趋势是使客体同化于主体，为主体'服务'。"[2]

总体而言，在关于价值本质的诸多学说中，"观念说""实体说"和"属性说"认为价值依靠主客体某一方而存在，"关系说"准确地把握了价值中的主客体关系，将主客体双方都纳入价值范畴，并且以"需要"与"属性"之间的满足或接近作为其内涵。在"关系说"的界定中，价值与主客体相关，是主体与客体之间的关系，不属于主客体任何一方，既不是客体存在本身或其属性，也不是主体的主观意志，而是主体基于其价值观念，在认识和实践活动中所确立的客体属性对主体需要满足或接近的主客体关系。这正是本书所持有的对"价值"的基本认识路径。

（二）关于价值取向的研究

我国学界对价值取向的系统研究始于 20 世纪 80 年代，其成果主要集中于对不同领域价值取向的应用研究，而关于价值取向的理论研究成果相对匮乏。就现有价值取向的理论研究文献而言，主要是对价值取向内涵、影响因素、特点的零星探讨以及相关概念辨析。

1. 价值取向的内涵研究

徐玲在《价值取向本质之探究》一文中，将价值取向的内涵归为三种类

① 马凤岐. 教育价值的理论问题 [J]. 北京师范大学学报（社会科学版），1994（6）：35-42.

② 李德顺. 价值论 [M]. 北京：中国人民大学出版社，2017：45.

型："倾向性""行为取向""价值标准"①。

将价值取向界定为"倾向性"的观点一般强调主体对价值取向的定向主导作用。例如，徐贵权将价值取向概括为"一定主体基于自己的价值观在面对或处理各种矛盾、冲突、关系时所持的基本价值立场、价值态度以及所表现出来的基本价值倾向和特定的价值方向"②。《中国大百科全书》将价值取向解释为"人们在价值评估、选择、决策及创造过程中的一定倾向性"③。

强调"行为取向"的观点认为，"'取'乃选取、采取，'向'乃方向，'取向'就是方向的选取，而'价值取向'是关于'价值'的取向，是以'价值'为衡量标准的取向，因此它必然体现在价值选择和决策的行为中"④。王珏在《中日价值哲学新论》中指出："价值取向是人们按自行的价值观念对不同目标所作出行为方向的选择。"⑤ 也有学者指出："价值取向就是最终决定做什么好或怎么做好，或者说从价值、好坏的角度决定做什么和怎么做。"⑥

价值标准是指衡量事物有无价值、有何种价值以及价值之大小的尺度。将价值取向界定为"标准"的观点认为："价值取向是指某一个人所信奉的，而且对其行为有影响的价值标准。"⑦

2. 价值取向的影响因素研究

学界普遍认为价值取向受到主体意识的影响，而主体意识又被社会、文化所引导。因此，学者们对价值取向影响因素的分析主要从主体的观念体系和社会文化相关因素入手。

袁贵仁强调价值取向的主体性，认为"价值取向来自主体的价值体系、价值意识"⑧。

① 徐玲. 价值取向本质之探究 [J]. 探索，2000 (2)：69—71.
② 徐贵权. 论价值取向 [J]. 南京师大学报 (社会科学版)，1998 (4)：40—45.
③ 中国大百科全书总编辑委员会. 中国大百科全书 (第2版) [M]. 北京：中国大百科全书出版社，2009：245.
④ 徐玲. 价值取向本质之探究 [J]. 探索，2000 (2)：69—71.
⑤ 王玉樑，岩崎允胤. 中日价值哲学新论 [M]. 西安：陕西人民出版社，1995：403.
⑥ 布罗日克. 价值与评价 [M]. 李志林，译. 北京：知识出版社，1988：171.
⑦ 汝信. 社会科学新辞典 [M]. 重庆：重庆出版社，1988：401.
⑧ 袁贵仁. 价值学引论 [M]. 北京：北京师范大学出版社，1991：350.

李淮春指出，价值取向的形成与社会文化、生产方式、制度以及意识形态相关，但价值取向本身却不属于社会意识范畴，而是人们在社会实践中所体现出的一贯性倾向，决定、支配着主体的价值选择。[①]

于翠翠认为价值取向的形成与产生总是基于一定的社会条件和历史背景，始终反映着特定社会关系。该作者还进一步提出，价值取向是社会化的结果，文化传统是价值取向形成的历史底色，生产方式是价值取向形成的根本基础，意识形态是价值取向形成的引导体系，社会制度是价值取向形成的规范力量。[②]

3. 价值取向的特点研究

对价值取向的特点的研究，主要以价值取向主体的作用或主客体之间的关系为切入点。

部分学者从词源的角度归纳了价值取向的特性：一是选择性，价值取向是主体为满足自己的需要而"取"之的选择愿望和想法；二是功用性，被选择的客体一定具有主体所需的功用；三是偏好性，主体是依据个人偏好来对客体的功能进行选择；四是关联性，主体的需要与客体的功用契合才构成价值取向；五是预测性，价值取向指向未来，指向"实现某种可能"。[③]

徐贵权总结了价值取向的特点：一是主体性，价值取向总是蕴涵着主体的独立性、自主性或自由性；二是制约性，主体的价值取向要受各种因素、各种力量的制约；三是预存性，主体的价值取向一经形成，便构成主体的预存立场或既定的价值坐标；四是倾向性，价值取向不是中立性存在物，具有明显的倾向性特点；五是强迫性，主体的价值取向是主体内在的导向、制导、约束机制；六是外显性，价值取向总通过外显体现自己的存在，体现主体对事物的特定理解与把握；七是稳定性，主体的价值取向具有稳定的特点，表现为在较长时间内的一贯性。[④]

---

① 李淮春. 马克思主义哲学全书 [M]. 北京：中国人民大学出版社，1996：139.
② 于翠翠. 建国以来教师价值取向的历史变迁 [D]. 济南：山东师范大学，2016：28.
③ 张释元. 教师价值取向：学校教育变革之"基" [D]. 重庆：西南大学，2013：17.
④ 徐贵权. 论价值取向 [J]. 南京师大学报（社会科学版），1998（4）：40−45.

4. 价值取向与相关概念的辨析

（1）动机取向与价值取向

"动机"是一个心理学概念，是能激发人的目的性行为的需求或欲望。虽然动机取向与价值取向都与人的需要相关，都会激发人采取一系列有目的性的行为，但二者在发生机制和方式上存在着很大的区别。一方面，需要在动机取向和价值取向中的机制不一样。在动机取向中，需要既是诱因，又是决定取向目标的内在根据，而在价值取向中，需要是前提和基础，决定价值取向的内在根据是主体的价值观念。另一方面，动机取向中的需要是具体的、急需满足的，而价值取向中的需要则是一般的、作为目标来追求的。[①]

（2）价值观与价值取向

"价值观"有广义和狭义两个层面。王立林指出，广义的价值观相当于哲学基础理论中的价值论，即关于什么是价值，价值的本质、功能是什么等一系列问题的基本看法，是指与自然观、历史观相类似的，以价值为特定对象的理论学说系统。而狭义的价值观则是对价值观念的简称，是人们关于好坏、得失、善恶、美丑等具体价值的立场。[②]

价值观和价值取向都是价值哲学重要的下位概念，张释元在其博士论文中辨析了二者的联系。他认为二者的共同点在于：其一，二者都以"以不同方式掌握世界的人"为主体；其二，价值观和价值取向都可以作为"人"判断事物和指导行动的标准依据。同时二者也存在着明显的不同：其一，价值观比价值取向更加基础和稳定，价值取向会随着主体所处的环境不同而发生改变，而价值观则是一种持久的、较难改变的观念，价值取向建构于价值观的基础之上；其二，价值观主要表现为主体的思想、理念、立场和标准等思想意识形态，而价值取向还包含在思想意识的基础上形成的有"倾向性"的行为。[③]

---

① 徐玲. 价值取向本质之探究［J］. 探索，2000（2）：69—71.
② 王立林. 教师职业价值取向研究［D］. 济南：山东师范大学，2009：25.
③ 张释元. 教师价值取向：学校教育变革之"基"［D］. 重庆：西南大学，2013：23.

综上所述，通过对价值取向研究的梳理，可以发现现有价值取向研究尚存在一定局限。就现有研究来看，价值取向的内涵集中于三种类型：强调主体对价值关系认识中主观倾向的"倾向性"；强调行为方向选择的"行为取向"，即决定"怎么做"或"做什么"的问题；强调行为所遵循标准的"价值标准"观点。尽管这些观点侧重点不同，但都从不同侧面揭示了价值取向与价值取向主体的观念、行为的相关性，也就是说，价值取向主体占据主导地位。但是，主体的主导性不是随心所欲的绝对自由，也受客体及其他各种因素影响。正如马克思所说："人们自己创造自己的历史，但是他们并不是随心所欲地创造，并不是在他们自己选定的条件下创造，而是在直接碰到的、既定的、从过去承继下来的条件下创造。"① 总体而言，现有针对价值取向的研究成果多停滞于平面的分析，对于价值取向动态生成过程及构成要素少有提及，而这正是今后的研究可以继续深入的方向。

（三）关于教育价值取向的研究

要整体性地把握师范教育价值取向的理论进程，还应对教育价值取向的研究进行梳理。下文将从教育价值取向的内涵、教育价值取向的变迁、教育价值取向的视角、教育价值取向中呈现的问题以及教育价值取向的方法论这五个研究向度展开。

1. 教育价值取向的内涵研究

王东卫、石中英等人将现有的教育价值取向内涵研究归纳为"倾向"与"趋向"两种理解：前者是指社会主体在把教育作为一种社会客体的情况下，根据自身生存和发展的需要对教育客体进行价值设定、价值预期时所表现出来的意向或倾向；后者是指教育的主体或作为主体的教育，在其实际活动中，特别是在他们和它的活动结果中所实际遵循、指向、建构和实现的价值关系。"教育价值取向"的本义是前一种理解。至于后一种理解，可以用另

---

① 中共中央马克思恩格斯列宁斯大林著作编译局. 马克思恩格斯全集（第 8 卷）[M]. 北京：人民出版社，1965：121.

外一个概念——"教育价值趋向"来概括。①

除此之外，强调教育价值取向选择过程的观点较为普遍，价值选择其实质也表达着一种价值预设的主观倾向，与王东卫、石中英所提出的"倾向"理解异曲同工。例如，扈中平等认为，教育价值取向是指教育活动主体依据自身的需要对教育活动的属性、特点、功能、效果所作出的价值取向选择，它表明教育活动主体的价值态度。② 刘旭东指出，教育价值取向是教育主体在教育活动中，根据自身需求来进行教育选择时所表现出来的一种价值倾向性。③ 吴黛舒强调价值选择，认为教育价值取向是教育主体根据特定时期人们需要的类别力量的变化对价值系统中居于统治或核心地位的教育价值重新选择的过程，即打破旧的价值结构中各要素比例的均衡状态重新组建新的价值结构的过程。④

2. 教育价值取向的变迁研究

众多学者从不同的视角对教育价值取向变迁进行了深入研究，其结论大都集中于教育价值取向从量到质、从被动到主动、从工具性到人性的转变，体现着盘旋上升的总体趋势。但也有学者认为我国价值取向的变迁存在盲目性。

冯建军从教育与人的关系入手，探究了改革开放 30 年来教育改革的价值取向。他在《向着人的解放迈进——改革开放 30 年我国教育价值取向的回顾》一文中指出，我国教育价值取向的特点是"人的解放"，改革开放以来教育经历了从无"人"到对"人"的发现，从对人的"朦胧意识"到"人是教育的出发点"的历程。⑤

董泽芳、黄建雄将新中国成立后的教育价值取向变迁历程总结提炼为八个发展阶段，还将其变迁特点和趋势总结为六大转变：从国家主导型向

---

① 王卫东，石中英. 关于建国后教育价值取向问题的思考 [J]. 江西教育科研，1996 (4)：1—4.

② 扈中平，陈东升. 教育价值选择的方法论思考 [J]. 教育研究，1995 (5)：16—20.

③ 刘旭东. 教育价值浅议 [J]. 青海师范大学学报（哲学社会科学版），1990 (1)：57—61.

④ 吴黛舒. 影响教育价值取向的因素分析 [J]. 齐鲁学刊，2002 (1)：96—99.

⑤ 冯建军. 向着人的解放迈进——改革开放 30 年我国教育价值取向的回顾 [J]. 高等教育研究，2009 (1)：17—25.

教育主动型转变，从注重外在价值向内外价值并重转变，从同步型变迁向超前引领型变迁转变，从正、负向变迁兼有向正向变迁效果日趋明显的方向转变，从过分强调主轴价值向坚持主轴价值同时兼顾其他价值取向转变等。[①]

蔡军通过教育政策变迁轨迹来分析教育价值取向的转型路径，他认为我国教育价值取向发生过两次明显的转变：一是在十一届三中全会后，教育表现出效率优先、非均衡发展、注重精英培养的价值取向；二是党的十六大以来我国教育出现一系列重大变化与创新，其所折射出的价值取向都是向促进公平倾斜。[②]

但同时，赖秀龙认为"我国教育价值取向的调整与重建是很盲目的，不是螺旋式上升的发展过程，很大程度上是一种左右徘徊"[③]。

3. 教育价值取向的研究视角

当前学术界主要从三种视角对教育价值取向进行了研究：一是从二元对立的视角将教育价值取向划分为社会取向和个人取向，或者科学主义取向和人文主义取向；二是在对二分法批判的基础上提出整合与多元的价值取向；三是从具体的"人"的视角构建的价值取向，集中于"以人为本"的价值取向和生命价值取向。

（1）二元对立的视角

二元对立的价值取向研究主要把教育价值取向划分为社会取向与个人取向，或者科学主义取向和人文主义取向。前者是基于价值取向内容所指向的主体来划分的，后者是根据教育价值取向内容所指向的领域而划分。

①社会取向与个人取向。

教育的社会价值取向是以实现社会发展为目的，具有工具意义。教育的

[①]　董泽芳，黄建雄. 60年我国高等教育价值取向变迁的回顾与思考 [J]. 华中师范大学学报（人文社会科学版），2011（1）：132－139.

[②]　蔡军. 从教育政策看改革开放以来我国教育价值取向的转型 [J]. 教育导刊，2009（7）：15－17.

[③]　赖秀龙. 建国以来基础教育价值取向：嬗变与反思 [J]. 教育与教学研究，2009（9）：15－19.

个人价值取向以人为出发点，以实现人的全面自由发展为终极追求。前者强调教育的外在功效，体现了教育的外在价值取向或工具价值取向；后者体现着教育本身的价值，也叫内在价值取向或本体价值取向。

教育的社会价值取向遵循教育为社会发展服务的理念，将教育理解为社会发展的手段。在我国，改革开放以后，学校教育的价值取向长期以政治、经济为主导因素，呈现出较鲜明的社会价值取向。例如娄立志指出，我国教育应定位于满足中国社会发展的需要，满足目前我国的政治、经济、文化和科技等方面发展的需要，从而使教育促进中国的综合国力和整个国民素质的提高。① 教育的社会价值取向体现着历史必然性，但也具有明显工具性。

而教育的个人价值取向崇尚人的个性自由、全面发展。主张教育的个人价值取向的学者扈中平认为，作为涵盖各级各类教育宗旨的教育总目的，应定位于培养"人"，因为这更能体现教育目的的终极性、普适性和丰富性。② 总的来说，教育的个人价值取向相对于社会价值取向来说无疑是具有革新意义的，但是若将人的自由与发展悬置于具体社会环境之外，则易导致绝对的个人观。

②科学主义取向和人文主义取向。

"科学主义取向重视教育的社会功用性，因而人在教育中处于工具地位。"③ 我国教育长期以科学主义为取向，如刘复兴指出，我国教育现代化的进程总体上看主要受科学主义价值取向的影响，表现为教育目的由纯粹伦理化向实用主义和国家主义转变，建立了以科学知识为主干的学校课程体系，以科学教育体制和科学研究体制为核心的现代教育制度。教育教学方法论方面，具有直觉主义特征的心性修养论和机械记忆特征的学习方法论逐渐被科学的现代教育教学方法论所取代，掌握科学知识与科学技术被置于科学教育的首要地位。④ 科学主义的明显弊端主要在于科学主义，特别是唯科学

---

① 娄立志. 论目前我国教育的主导价值 [D]. 上海：华东师范大学，2001：1.

② 扈中平. 教育的目的应定位于培养"人" [J]. 北京大学教育评论，2004（3）：24—29.

③ 蔡春，易凌云. 论20世纪教育的三大价值取向 [J]. 当代教育科学，2006（9）：3—6.

④ 刘复兴. 传统人文主义与现代科学主义——论中国教育现代发展中的价值取向 [J]. 河北师范大学学报（教育科学版），2000（2）：16—22.

主义对人文精神及其价值从本质上的排斥，正如冯建军在《生命与教育》中所论述的："在强大的现代性的历史语境下，教育也逃离不了对人文性的遮蔽，表现为科学与人文的割裂和失衡。"[①]

人文主义教育追求教育的人性化，追求个人自由与个性发展，并以实现美好生活为目的。[②] 人文主义教育价值取向主张提高人的存在价值是教育的核心，课程的全部重点必须从事物世界转移到人格世界，它强烈反对机械文明下的那种扼杀个性的模式化和工厂化教育。[③]

（2）整合及多元的视角

很长一段时间以来，教育价值取向游走于社会取向和个人取向、科学取向和人文取向的两极，这种极端的价值取向使一方完全遮蔽了另一方，造成了教育价值取向的绝对化与片面化。针对这种二元对立、相互割裂的思维局限，学界提出了整合、多元的价值取向。

①整合的价值取向。

立足于对非此即彼的二分法视角的批判，学界开始探寻兼顾两端的、整合的价值取向，即探寻既考虑个人价值又顾及社会价值，既关注人文精神又重视科学理性的价值取向。

在个人取向与社会取向融合统一的研究中，学界强调人的个性与社会性相结合，即人与社会并重的教育价值观。扈中平认为，"并没有必要把人的个性化与人的社会化割裂开来和对立起来，而应使二者尽可能达到某种统一，但这种统一必须是历史的、具体的统一，而不是超历史的、抽象的和一劳永逸的统一"[④]。周志超、张文超指出："以封建文化为背景的片面的社会本位论，造成教育中自我的丧失，人格的萎缩，创造能力与个人潜能的磨

---

①　冯建军. 生命与教育［M］. 北京：教育科学出版社，2004：5.

②　蔡春，易凌云. 论20世纪教育的三大价值取向［J］. 当代教育科学，2006（9）：3-6.

③　杨颖东. 失衡与反拨——我国学校教育价值取向的偏差反思和调整［D］. 上海：华东师范大学，2014：28.

④　扈中平. 教育目的中个人本位论与社会本位论的对立与历史统一［J］. 华南师范大学学报（社会科学版），2000（2）：87-94.

灭。"① 鉴于此，他们在理论上论证了人与社会并重的教育价值观的合理性。金生鈜认为，个人价值与社会价值整合的基础是公民培养，教育培养公民是实现个人价值与社会价值统一的根本方式。②

然而，有学者对这种融合的价值取向的现实性提出了质疑，认为个人取向与社会取向的整合是难以实现的。马凤岐从教育实践的角度指出教育的社会和个人两大主体之间是不平等的，两者的要求很难协调，"教育实践只能指向一个最终方向，如果教育实践同时指向社会和个人，那么当两者的要求相互冲突的时候，它将不知所从，而且实际上，在迄今为止的社会发展所经历的所有形态中，都存在着社会与个人的不可避免的冲突，两者之间的冲突有时还非常激烈"③。

就科学主义与人文主义的整合来看，学界提出了科学人文主义的教育价值取向。刘朝晖指出，在科学主义保持稳固地位并继续发展、人文主义日益复兴并不断加强的当今社会，科学主义和人文主义对立的态势已开始转变，日益走向融合与渗透，并已形成必然之势。新世纪教育价值之走向即科学人文主义教育，即用科学人文主义的理念和追求，来塑造、养育内心和谐，与他人、社会、自然和谐的人。④ 蔡春、易凌云在《论 20 世纪教育的三大价值取向》一文中评价道："科学人文主义教育就是要形成一种把科学精神和诗情意境两相结合以探索自然世界与享受生活的世界能力。"⑤

而谭维智表达了对人文取向和科学取向融合可能性的担忧："试图把科学主义和人文主义综合在一起，是极端困难的。两者能各占五成吗？如果不能，应该是什么比例？为什么是这个比例？"⑥ 针对融合的价值取向应该怎么平衡，是否能够从量上作出绝对划分等问题，有学者给予了回

---

① 周志超，张文超. 教育价值观的历史评判与现实反思 [J]. 教育理论与实践，1990（3）：17－21.

② 金生鈜. 教育的多元价值取向与公民的培养 [J]. 教育理论与实践，2000（8）：2－8.

③ 马凤岐. 教育价值的理论问题 [J]. 北京师范大学学报（社会科学版），1994（6）：35－42.

④ 刘朝晖. 教育的希望：科学人文主义教育 [J]. 教育理论与实践，2001（5）：10－13.

⑤ 蔡春，易凌云. 论 20 世纪教育的三大价值取向 [J]. 当代教育科学，2006（9）：3－6.

⑥ 谭维智. 一个批判的思想者——陆有铨先生教育思想管窥 [J]. 国家教育行政学院学报，2006（3）：8－17.

应："教育的价值取向应是在科学精神和人文精神之间保持必要的平衡。这种平衡是动态的，不是等量齐观的平衡，是有所侧重的平衡，是偏重于科学精神，同时又不偏执于此，也注重人文精神的作用，是两者保持必要张力的平衡。"①

②多元的价值取向。

教育的价值具有多重性，因而教育价值取向是多元的。多元取向的倡导者主张克服一元孤立的取向，追求教育价值取向的全面性。戚业国、杜瑛分析了多元教育价值取向得以实现的原因："我国经过改革开放30年的发展，经济的多元化直接导致实现利益的多元化，多种利益主体得到尊重，社会民主化发展对多元采取了更加包容的态度，'以人为本'的社会更加尊重不同的价值与文化。"② 桂建生认为多元教育价值取向表现在四个方面、两个层次："教育要为经济、政治、文化、人的全面发展服务。这四个方面的价值分为两个层次，第一层次是社会层次，包括社会经济、政治和文化三个方面。第二层次是个人层次。"③

而薛忠祥对多元教育价值取向进行了批判，他提出，"虽然多元价值观使我们从多视角来分析教育价值取向，但其内容逃离不出二元对立的价值困境；再者，多元价值取向是现实中的教育价值取向的一种实然状态，只能是我们作出分析判断与选择的现实基础，而不能成为应有的价值取向建构"④。

（3）具体"人"的视角

随着社会转型，人的主体性日益受到关注，教育开始探寻具体社会历史条件下的活生生的人，在具体的"人"的视角下，对"以人为本"、生命价值取向进行了积极探索。

①"以人为本"的价值取向。

"以人为本"的价值取向研究大多是从人的主体性和人的发展的角度来

① 焦健健. 课程设计价值取向研究［D］. 济南：山东师范大学，2010：102.
② 戚业国，杜瑛. 教育价值的多元与教育评价范式的转变［J］. 华东师范大学学报（教育科学版），2011（2）：11－18.
③ 桂建生. 论教育价值取向的确立［J］. 当代教育论坛，2003（4）：25－27.
④ 薛忠祥. 20年来我国教育价值取向研究述评［J］. 教育科学研究，2009（11）：20－23.

探讨教育与人的关系，强调教育对人的本体价值的促进与实现作用。

王卫东在其著作《现代化进程中的教育价值观》中论述道："我们必须确立'以人为本'的教育价值观。其含义是在教育中应该从受教育者身心素质发展、人格完善、主体性弘扬的角度来认识教育价值。"① 陈乃林认为"以人为本"的教育观就是"强调教育必须以人为出发点，以人为归宿，以人的发展为主线，一切教育活动与过程都紧紧围绕着人进行，以一切为了人的发展和完善为最高价值和终极目的"②。康宁、杨东平、周大平等指出，教育的"以人为本"，就是"把教育与人的幸福联系起来，与人的自由联系起来，与人的尊严联系起来，与人的终极价值联系起来，使教育真正成为人的教育，而不是机器的教育；使教育不只是人获得生存技能的一种手段，而且还能成为提升人的需要层次、丰富人的精神世界的一种途径。以现代人的精神培养现代人，乃是'以人为本'的应有之义"。③

储朝晖立足于"以人为本"，从理念到操作层面都进行了系统研究。他提出教育应向"以人为本"转变，将人生最值得追求的幸福作为教育追求目标，培养人创造和享受幸福的能力。这一转变是一个庞大的系统转向，包括社会转型与人的教育之关系，教育价值从国家主义转向"以人为本"，教育体制从国家包办转向多元主体，建立基于学生成长发展需要的现代学校管理体系，建立多元与自主的教育评价体系，建立满足学生向上向前发展需要的个性化教学体系，确立并保障每位教育当事人的自主学习权利七个方面。④

②生命价值取向。

基于对基础教育存在"目中无人"问题的反思，叶澜强调教育价值取向应回归"生命"来重新审思。20 世纪 90 年代初，叶澜从生命视角出发，开启了"新基础教育"的研究，其目的是唤醒教育中每一个"具体的人"，让每一个生命"活"起来。叶澜认为："生命意味着人的主动性、人的主动的生存方式。主动生存的方式与人所特有的发展、创造的需要联系在一起，与

① 王卫东. 现代化进程中的教育价值观 [M]. 北京：中国社会学科出版社，2002：7.
② 陈乃林. 人本教育观论要 [J]. 江苏高教，2005 (1)：1—6.
③ 康宁，杨东平，周大平，等. 教育理念的反思与建设 [J]. 教育研究，2003 (6)：9—14.
④ 储朝晖. 以人为本的教育转型 [M]. 杭州：浙江大学出版社，2016：4.

生命活力的激发和潜在可能的实现联系在一起。"① 她指出："人的生命是教育的基石，生命是教育学理论思考的原点，教育是直面人的生命、通过人的生命、为了人的生命质量的提高而进行的社会活动。"②"学校教育的根本价值在于优化生命存在、提高生命质量，关怀生命应成为当代学校教育的价值取向。"③

随着生命取向理论的完善与深入，"呼唤教育对个体生命的关注已成为近年来教育研究领域一个共同的声音"④。冯建军在《生命与教育》中论述道，"教育应回归生命，关注生命的完整，表现在凸显生命的灵动与张扬生命的个性，建构了生命化的教育"⑤。李政涛认为："'生命理想'就是拥有'生命自觉'的生命，它也因此成为我们时代的教育理想。"⑥ 李家成在其博士论文中对中国教育应然价值取向进行了探究，他指出，面对学校教育的丰富价值，当代中国学校教育可以以"关怀生命"为价值取向。这一取向"意味着当代中国学校教育要直面生命存在的事实，以'自我'的身份承担自身的时代责任；以'生命'为本体论前提，以积极的关怀作为基本的行为方式；以培育具有积极的生存方式、富有生命活力的健康的个体为己任；以整体的、深层次的眼光进行自我改造，以建设性的方式促进生命的成长"⑦。

与此同时，有学者对生命价值取向的全面性及其边界提出质疑："从生命价值取向的内涵来看，其主要是针对学校教育时空下每个生命体，尤其是学生生命个体和教师生命个体的尊重、使用和成长的推动。这很明显地表现为这一价值取向的选择仅仅是一种部分的选择，而不是全面的选择……在现实生活中，真正能够恰到好处的人很少，狂者进取，而狷者有所不为，二者

①　叶澜. 把个体精神生命发展的主动权还给学生［C］//郝克明. 面向 21 世纪的教育观（综合卷）. 广州：广东教育出版社，1999：334.

②　叶澜. 试论当代中国教育价值取向之偏差［J］. 教育研究，1989（8）：63－68.

③　李家成. 关怀生命：当代中国学校教育价值的新取向［D］. 上海：华东师范大学，2002：4.

④　王炜. 高等教育大众化背景下教师教育课程改革的价值取向［J］. 教育科学，2008（4）：82－85.

⑤　冯建军. 生命与教育［M］. 北京：教育科学出版社，2004：5.

⑥　李政涛. 生命自觉与教育学自觉［J］. 教育研究，2010（4）：5－11.

⑦　李家成. 关怀生命：当代中国学校教育价值的新取向［D］. 上海：华东师范大学，2002：4.

都是生活所需要的。所以，生命价值取向自有它的应用边界，但是却没有交待清楚。"①

4. 教育价值取向的问题研究

关于我国教育价值取向存在的问题，学界从不同角度进行了探究，其观点高度趋于一致。教育价值取向的现实问题主要有：主体单一，教育功利化、工具化，忽视教育的内在价值。而这些，归根到底都指向了"人"的缺失。

对我国教育价值取向进行批判的研究始于叶澜教授。在《试论当代中国教育价值取向之偏差》一文中，叶澜指出我国教育价值取向存在偏差，表现在政府教育决策强调社会工具价值，忽略个性、潜能发展的价值。②

王卫东、石中英分析了教育的国家、集体和个体主体的价值取向之间的关系及价值冲突的社会表征，主张以国家为主来整合其他主体的需求并保持一定"张力"③。而后，王卫东在其《现代化进程中的教师教育价值观》一书中分析了中西方现代化进程中的价值观发展历程。他指出，相对于西方国家而言，中国教师教育的政治价值取向更为突出。④

教育的工具化将导致教育中"人"的缺失，人们对这一观点几乎达成共识。池田大作指出现代教育陷入了功利主义，进而"学问成为政治和经济的工具""人成为知识和技术的奴隶"⑤。薛忠祥认为："教育的工具化造成人的自我生成被'他者'所控制，人的价值只有成为一种客观的效用价值才是有价值的。"⑥

有学者从政策与执行偏差的角度指出，虽然教育价值是工具性价值与内在价值的统一，这种思想也体现在教育方针中，但在观念上及教育实践中是

---

① 薛忠祥. 当代中国教育的应有价值取向研究 [D]. 济南：山东师范大学，2009：53.
② 叶澜. 试论当代中国教育价值取向之偏差 [J]. 教育研究，1989（8）：63-68.
③ 王卫东，石中英. 关于建国后教育价值取向问题的思考 [J]. 江西教育科研，1996（4）：1-4.
④ 王卫东. 现代化进程中的教育价值观 [M]. 北京：中国社会科学出版社，2002：1-7.
⑤ 汤因比，池田大作. 展望二十一世纪——汤因比与池田大作对话录 [M]. 荀春生，译. 北京：国际文化出版公司，1985：61.
⑥ 薛忠祥. 当代中国教育的应有价值取向研究 [D]. 济南：山东师范大学，2009：2.

有偏向的统一，而不是真正的现实的统一，是完全按照社会需求而统一模式、规格打造受教育者的过程，较少顾及甚至忽视个体的独立性和发展的需要。①

胡弼成、陈桂芳探讨了不同教育主体间价值取向的冲突及其表现形式，认为国家与学校、个人之间的地位具有不对等性，其冲突是以一种非冲突的形式表现出来的，即并不表现为国家教育政策与学校、个人教育行为的直接对立，而是表现为学校、个人对国家教育政策的被动适应。②

5. 教育价值取向的方法论研究

在教育价值取向的研究中，其研究方法以主客体价值分析方法为主，也就是以"主体-客体"分析范式来研究价值问题。现有研究一般将教育视为客体，将国家、社会或人视为主体，教育价值取向就是价值取向主体对教育价值设定的偏向性，以教育属性对主体需要的满足为目的。主客体关系是思考价值与价值取向内涵的基本视角和方法论，主客体之间的价值关系是价值产生的依据，是价值取向确立的基础。

当然，学界也不乏对主客体分析方法的批评性观点。例如薛忠祥指出，主客体方法论"是把教育活动或者教育系统作为工具而运用了，既是社会需要满足的工具，也是个人需要满足的工具。教育就处在社会和个人两个主体之间的争斗之中。在争斗之中偏差是不可避免的。在社会和个人的争斗之中，教育早已不是它本身，教育中的人也不是他本身，而都成了一种有用的工具。教育的意义就是由此工具性价值规定的"③。这种观点重在审视主客体范式中教育的工具性问题，而不是对价值取向关系型分析方式的根本性批判。教育是否作为工具而存在，其关键在于教育主体是谁，而并非以教育自身为依据。当然，这些批判也引发了教育价值取向研究中对主客体的准确定位及其关系的进一步思考，有着积极意义。

综上所述，通过对教育价值取向相关研究的梳理发现，当前学术界对教

---

① 高立平. 教育价值与教育价值观 [J]. 理论纵横，2001（6）：15-16.
② 胡弼成，陈桂芳. 高等教育价值取向：矛盾冲突及现实抉择 [J]. 清华大学教育研究，2005（10）：31-35.
③ 薛忠祥. 当代中国教育的应有价值取向研究 [D]. 济南：山东师范大学，2009：59.

育价值取向的研究呈现出以下三种趋势：

一是研究内容全面化。相关研究囊括了教育价值取向的内涵、变迁、视角、问题、方法论等方面，涉及领域较为全面。

二是研究趋向人本化。相关研究对教育价值取向中"人"的缺失，对教育的工具化问题展开了批判，呼唤"人"的回归，表现为对鲜活的个体生命和具体的人的强调，这无疑是对教育本真的呼唤，是对教育在社会取向与个人取向之间保持合理关系和张力的追求。

三是研究视角多元化。在教育价值取向的建构方面，突破传统教育价值的社会取向和个人取向、科学取向和人文取向之间二元分立的局限，立足于更具包容性、更加贴合教育本质的多元价值取向、人本取向、生命取向等角度，从不同着眼点对教育指向"人"的取向展开了深入研究。

（四）关于师范教育价值取向的研究

笔者查阅教师教育、师范教育价值取向相关研究资料后发现，有关教师教育价值取向的研究成果较多，其中绝大部分是关于教师在职阶段的研究，而关于师范生培养阶段的价值取向研究较少。在关于师范教育价值取向的研究中，师范生培养阶段整体的、统合的价值取向研究又极其有限，相关成果主要集中于师范教育政策、课程、体制等某一方面或某一环节的价值取向研究。由此，为了避免教师教育、师范生培养和教师在职培养概念的混用，并全方位梳理呈现师范教育阶段的价值取向研究成果，下文将分别从职前、职后来进行综述：第一部分是对整体性的、统合性的师范教育价值取向研究的综述；第二、三、四部分介绍局部性的师范教育价值取向研究成果，分别为师范教育政策价值取向、师范教育课程价值取向、师范教育体系价值取向的研究综述；第五部分介绍对教师在职阶段价值取向的研究，尽管教师在职阶段培养不属于师范生培养范围，但是鉴于师范生培养阶段统合的价值取向研究成果匮乏，因而有必要对教师在职阶段整体性、统合性的价值取向研究进行综述，以此作为对师范教育阶段研究的补充与借鉴。

1. 师范教育价值取向的统合研究

统合的师范教育价值取向研究寥寥无几，观点也比较零散。就现有成果来看，其主要强调师范生的自我实现或人文生态关系和谐等方面。

兰军从人本主义对教师职前教育的"人性本位"的影响入手，分析了师范教育人本取向的内涵。他指出，师范教育应"以人性为本位"，强调"一切都以未来教师的自我提高和自我实现为中心，利用各种资源，运用多样的教学方式，提高他们的综合素质，培养和提升他们的自主意识；鼓励积极探索，最大限度地挖掘他们的潜能；创设良好的、自由的学习氛围，促进这些未来教师自身的更进一步的、健康的发展，从而培养和重塑优秀的教师，以推动我国教育事业的进一步发展"①。

于海洪从生态取向出发，基于师范教育中存在的教育生态环境不平衡、学术性和师范性对立、人才培养模式生态链断裂等困境，主张运用生态哲学观点，遵循四个原则：一、以尊重生命的存在为前提；二、以回归生活的统一性和整体性为基础；三、从学术取向或师范取向转向生态取向；四、建设教师专业发展的人文生态链。②

2. 师范教育政策的价值取向研究

师范教育政策的价值取向研究以对历史变迁的关注为主，集中于改革开放后 30 年师范教育政策价值取向的变迁路径、特点等方面。

曲铁华、吴遵民、傅蕾等人对我国改革开放以后的教师教育政策进行了研究并得出相似结论：从规模数量向质量效益发展，从工具本位向教师本位移行，从注重职前培养向职前职后教育一体化过渡，由强调效率到更加关注公平，由一元化迈向多元化。同时，我国教师教育政策价值取向的变迁过程呈现出"追求'公平优先、兼顾效率''以人为本、和谐发展''均衡化、一体化'和'多元化、开放化'等特点"③。

杜智华的研究方法较为新颖，运用编码研究法对我国改革开放后 30 年的教师教育政策价值取向变迁进行了研究，结果显示政策价值取向从"社会化"趋向"以人为本"。他还通过事实依据分析说明了"教师教育政策实施

---

① 兰军. 人本主义教育思想与教师职前教育改革［J］. 社会科学家，2010（4）：70－72.
② 于海洪. 生态哲学视野中的教师教育创新［J］. 大学教育科学，2014（3）：66－71.
③ 曲铁华，崔红洁. 我国教师教育政策价值取向变迁的路径与特点——基于 1978—2013 年政策文本的分析［J］. 现代大学教育，2014（3）：70－76，113.

过程中未足够重视'以人为本'而造成的价值失真现象"①。

祁占勇将我国当代主导的教师教育政策价值取向总结为：坚持优先发展教师教育的战略地位，坚持以独立设置的各级各类师范院校为主体、其他高等院校参与的多渠道、多层次、多规格、多形式的教师教育体系，坚持教师教育的免费性，坚持国家对教师教育的有限干预与规范，坚持师范生权利与义务的统一。②

3. 师范教育课程的价值取向研究

师范教育课程的价值取向研究主要集中在三个方面：一是对师范教育课程价值取向历史变迁的研究；二是对当下合理的师范教育课程价值取向的探讨，这一部分又以实践取向的研究居多；三是对新兴或理想的师范教育价值取向的探究，例如解放旨趣、生命取向的建构研究。

其一，师范教育课程价值取向历史变迁的研究。从关于师范教育课程价值取向变迁阶段的研究中可以看出，从"知识本位"到"能力本位"的价值取向变迁得到了学术界的普遍认可，从"能力本位"到当下或未来的价值取向，则倾向于整合化的不同具体取向。陈威论述了师范教育发展历史的不同阶段呈现的知识本位、能力本位和感情中心等课程价值取向，并提出融培养学生知识、能力、素质为一体的"综合化"的新取向。③ 付光槐系统分析了我国师范教育发展过程，总结出"知识本位取向"（20 世纪 90 年代初以前）—"技能本位取向"（20 世纪 90 年代以后）—"实践本位取向"（21 世纪以来）的发展脉络。④ 许海深、刘颖指出传统师范教育课程一般表现为知识本位、能力本位及个人本位取向，认为现行教师教育课程设置取向应加强多元整合，提出专业化、现代化、人本化、实用化等取向。⑤ 彭香萍将我国师范教育课程设计和实施的变迁特点归纳为：课程设计中的"认知本位"在逐步融

---

① 杜智华. 我国教师教育政策价值取向研究——以改革开放后重要教育政策文献为蓝本 [D]. 长沙：湖南师范大学，2010：2.
② 祁占勇. 中国教师教育政策的价值取向分析 [J]. 当代教师教育，2012 (2)：6−12.
③ 陈威. 关于高师课程设置的价值取向的思考 [J]. 黑龙江高教研究，2007 (4)：157−159.
④ 付光槐. 基于解放旨趣的职前教师教育课程重构研究 [D]. 重庆：西南大学，2016：68−69.
⑤ 许海深，刘颖. 试谈教师教育课程设置的价值取向 [J]. 教育探索，2010 (3)：48−49.

入"情感中心"的同时，连通统合中的"学科专业"（学术性）和"教育专业"（师范性），从而走向多元综合；课程实施取向在经历了"忠实文件"与"相互适应"之间的摇摆后，弹性渐长，"课程创生取向"愈趋活跃。①

其二，当下合理取向研究。在对当下合理的师范教育课程价值取向的探究中，对实践取向的关注是主流。关于实践取向的研究主要包括以下两个方面。

首先是对师范教育课程实践取向的内涵解读以及实践取向的师范教育课程设置研究。当下学者几乎都认可实践取向有助于师范生专业能力的生成，强调参与式学习。例如王少非认为，实践取向作为教师教育课程的一种理念，其内涵表现在教师教育必须关注教师的专业实践和教育现实问题，必须支持实践问题的解决和实践能力的发展，必须支持对实践的反思和教育知识的建构等方面。② 刘丽红等指出，实践取向对于"职前教师教育课程的全新价值与意义在于以具身心理模拟促进理论知识理解，以复杂情境参与发展实践智慧，以具身情知交融培育职业情感"③。彭寿清、蔡其勇、苏贵民等指出："在实践取向教师教育课程的开发与实施中必须处理好理论与实践、经验与反思以及教师教育机构与中小学校的关系。"④ 倪小敏论述道："实践取向主张在实践场景下，创设学习共同体，以帮助未来教师形成和发展实践性知识。"由此，他提出了"理论－实践"交融模式。这一模式的特点是：理论与实践相互渗透、交融。在理论－实践共同体中，未来教师的理论学习应与"主题见习"结合，真实情景下的学习和理论应时刻"在场"。⑤

其次是对师范教育课程实践取向的审思研究，主要是从实践取向的局限性、异化及泛化问题等方面展开了讨论。叶波从认识论出发，提出："教师教育课程转入实践、转向个体、转为能力割裂了理论性知识与实践性知识的

① 彭香萍. 教师教育课程取向的历史演进及其启示 [J]. 教育学术月刊，2010（9）：20－22.
② 王少非. 教师教育课程的实践取向：何为与为何 [J]. 教师教育研究，2013（5）：72－75.
③ 刘丽红，卢红. 实践取向教师教育课程的具身认知价值及其实现 [J]. 教育科学，2014（2）：53－57.
④ 彭寿清，蔡其勇，苏贵民，等. 实践取向的职前教师教育课程建构 [J]. 课程·教材·教法，2012（7）：107－111.
⑤ 倪小敏. 实践取向：职前教师教育模式的重构 [J]. 教师教育研究，2010（1）：22－27.

内在联系，缺乏对知识公共性的观照，忽视了知识生成与价值辩护，具有局限性。基于实践性知识的视域，教师教育课程的实践转向要求其课程设置要注重理解性、对话性和生成性。"① 张霞从具体实施过程入手，强调课程改革出现了技术理性支撑下对实践取向的异化，因此需要实现反思性实践的理性回归。② 刘建指出："教师教育课程实践内涵存在着明显的经验主义误解和实践观念的泛化。人们把教师教育课程实践等同于课程中经验性、技巧性、实验、试验等具体的活动内容。从某种意义上讲，这种课程实践观念把实践降低到生物性本能层面。"鉴于此，该作者提出建议："教师教育课程实践应建基于理论与学术，彰显学生的主体地位，张扬实践的道德价值，促进教师教育实践品质的整体提升。"③

其三，新兴取向的建构。为解决当下师范教育课程中存在的问题和症结，除了关注传统知识本位、能力本位和当下盛行的实践取向外，不少学者尝试了对新的价值取向的理论建构，聚焦于师范生的主体性及生命完整性。付光槐提出了以解放旨趣为取向的课程建构。他认为，我国职前教师教育课程中的知识本位取向、技能本位取向和实践本位取向存在共同的症结，即仍然受制于技术主义理性和工具理性的束缚与支配，因此他强调将师范生从依附于对象化的力量中"解放"出来。这实质上是对师范生与知识、技能等之间关系的重新理解，强调师范生主动创生与建构的品性。④ 罗生全、张莉探讨了生命取向的课程体系建设，指出教师教育研究忽视了教师的专业性和教师作为人的精神品格，主张以整体生命为出发点，从自然、社会和精神生命三个角度建构教师教育生命课程内容。⑤

4. 师范教育体系的价值取向研究

20 世纪 90 年代，师范教育混合开放体系的转型及教师教育体系的形

---

① 叶波. 关于教师教育课程实践转向的反思 [J]. 课程·教材·教法，2015（10）：109－114.

② 张霞. 教师教育实践取向的异化与理性回归 [J]. 当代教育科学，2016（20）：25－29.

③ 刘建. 主体、智慧与道德：教师教育课程实践的反思与建构 [J]. 教师发展研究，2014（24）：58－63.

④ 付光槐. 基于解放旨趣的职前教师教育课程重构研究 [D]. 重庆：西南大学，2016：4.

⑤ 罗生全，张莉. 教师教育生命课程体系建构 [J]. 教师教育研究，2010（4）：25－28.

成，标志着师范教育开放化、综合化以及一体化的大变革拉开帷幕。在其相关研究成果中，师范教育开放化、综合化的研究以探讨其合理性和策略居多，师范教育一体化的研究则以探讨一体化的内涵及策略为主。

（1）师范教育体系的开放化与综合化研究

20世纪90年代，独立封闭的师范教育体系逐渐向混合开放的师范教育体系过渡，表现为师范院校升级并向综合院校转型，出现了开放化、综合化的改革趋势。现有研究成果集中于对体系转型的合理性研究与策略研究。

①师范教育体系开放化、综合化的合理性研究。

学术界对师范教育由独立封闭体系向混合开放体系转型是否合理的争议较大，但仍以支持转型的观点为主流，认为转型是趋势所在、符合实际并且具备足够条件。例如张斌贤、李子江指出，独立设置师范教育系是历史发展的必然，是教育发展规律和世界教师教育的大势所趋。[①] 孙俊三从高等教育发展的大众化、综合化、终身化和国际化趋势对教师教育提出的新要求出发，分析了当前我国教师教育存在的主要矛盾，指出创新教师教育体制，实施教师教育开放化、多样化、一体化和弹性化策略是十分必要的。[②] 黄崴从政府责任、对"开放"的理解等维度论述了我国教师教育的发展由计划模式向多元开放的市场模式过渡的必然性。[③] 顾明远分析了国外教师教育发展的历史经验和中国国情，指出当前我国教师教育改革的时机已经成熟，具有调整教师教育结构的条件，并提出教师教育转型、开放的实质是提高教师教育的水平，而不是培养形式的变化，教师教育由封闭型向开放型转变是必然的发展趋势。[④] 同时，他还在《师范教育的传统与变迁》一文中从师资规模、教师职业吸引力及高等教育大众化趋势等方面阐述了师范教育走向开放性的

① 张斌贤，李子江. 改革开放30年来我国教师教育体制改革的进展 [J]. 教师教育研究，2008（6）：17—23.
② 孙俊三. 高等教育的发展趋势与教师教育的体制创新 [J]. 大学教育科学，2003（3）：10—14.
③ 黄崴. 建立以市场为取向的多元开放型教师教育体制 [J]. 现代教育论丛，2001（2）：15—17，10.
④ 顾明远. 论教师教育的开放性 [J]. 高等师范教育研究，2001（4）：1—5.

条件。① 张金福、薛天祥从教育规律、实际情况及现有条件三方面来论述教师教育体系转型的合理性，即"放眼世界，以史为鉴，遵循教师教育发展的客观规律；统筹规划，分类指导，一切从本国的实际情况出发；正确认识师范性与学术性，完善配套政策，确保教师职业专业化水平"，并得出了"开放的教师教育体系是正确的、实事求是的，也是解放思想、富有远见的"②的结论。

同时，对于师范院校综合化发展是否合理，也有学者持否定态度。阎光才指出，教师教育存在的问题的焦点恐怕不在于是否必须走综合化、开放型发展道路才能满足现实教育发展对高层次教师的数量需要，而在于综合化是否有利于提高教师的质量。美国的转型经验不可盲目仿效，它未必符合我国教师教育现实。③

②师范教育体系开放化、综合化的策略研究。

为实现师范教育开放化、综合化的发展，相关研究提出多种策略，如从加大投资、内外体制改革、管理多元互补、学科优化、课程完善等方面进行调整与配合。檀传宝指出，要实现混合开放的教育体系，"既涉及高等师范教育的升级和布局调整，也涉及高等师范教育的投资与管理体制改革、高等师范教育的内部体制改革等重要环节……应当采取分层次规划、分阶段实施的策略稳妥进行"④。何莉娜在《师范性、综合性整合与高师院校发展对策》一文中提到，为保持高师院校师范性与发展综合性，"应实行管理多元互补，实现领导理念与思维的复合拓展；发挥学科综合化优势，在更高层次上优化学科，突出师范特色；坚持分类指导，让各类专业释放活力，和谐发展、科学发展；完善课程体系，提高学生素质的综合化水平"⑤。张勇军的博士论

① 顾明远. 师范教育的传统与变迁 [J]. 高等师范教育研究，2003（3）：1—6.
② 张金福，薛天祥. 论目前我国教师教育培养模式的认识取向——兼评我国当前教师教育政策 [J]. 高等教育研究，2002（6）：61—65.
③ 阎光才. 美国教师教育机构转型的历史经验及其启示 [J]. 教师教育研究，2003（6）：73—77.
④ 檀传宝. 构建适合中国国情的一流教师教育新体制 [J]. 高等教育研究，2001（2）：44—49.
⑤ 何莉娜. 师范性、综合性整合与高师院校发展对策 [J]. 现代教育管理，2009（4）：42—46.

文以 A 省三所不同层次、不同类型的地方高等师范院校作为研究案例，总结了地方高等师范院校综合化发展的模式，提出"构建分层、分类、递进式、一体化的教师教育体系，注重不同层次教师教育'师范性'与'学术性'的协调，建立独立设置与综合培养、封闭管理与多元开放相结合的新型教师教育模式等优化地方师范院校综合化发展"的策略。①

（2）师范教育体系的一体化研究

师范教育向教师教育转型打破了师范生培养及教师在职培训各自为政的局面，使我国教师教育进入一体化进程。为保证体系上一体化的实现，师范教育强调目标、课程、内容、机构、管理、方法等全方位的一体化发展。

①师范教育体系一体化的内涵研究。

师范教育体系一体化有狭义和广义之别。

狭义的"一体化"主要是指师范教育与教师在职培训纵向贯通，由此形成了教师教育体系。师范教育一体化课题组的专题研究将这种趋势概括为"为了适应学习化社会的需要，以终身教育思想为指导，依据教师专业发展的理论，对教师职前、入职和在职教育进行全程的规划设计，建立起教师教育各个阶段相互衔接，既各有侧重，又有内在联系的教师教育体系"②。

广义的"一体化"不局限于纵向贯通，还包含了理论与实践、素养发展、学历等各环节一体化，是全方位的一体化。张贵新、饶从满将教师教育一体化的内涵归纳为内部一体化和外部一体化两个方面。其中，内部一体化是指基于终身教育思想，实现教师教育内部三个维度的一体化；外部一体化是指教师教育与学校改善的一体化。③ 董吉贺认为一体化包含学历教育和非学历教育的一体化，管理体制、教育机构和教育内容即课程设置的一体化，教育理论和实践的一体化。④ 钟祖荣从实现过程的角度将一体化分为一体化

① 张勇军. 地方高等师范院校综合化发展研究 [D]. 上海：华东师范大学，2012：217-220.

② 师范教育一体化课题组. 上海市教师教育一体化的战略思考 [J]. 高等师范教育研究，1998（5）：3-7.

③ 张贵新，饶从满. 关于教师教育一体化的认识与思考 [J]. 课程·教材·教法，2002（4）：58-62.

④ 董吉贺. 推进教师教育一体化改革的几点建议 [J]. 继续教育研究，2006（1）：93-96.

的设计、一体化的实施、一体化的评估三个环节。[①]

②师范教育体系一体化的策略研究。

师范教育体系一体化，必然伴随师范教育各环节、全方位的调整与改革。师范教育体系一体化的策略研究主要集中于教育机构、课程体系、学位体系、领导关系、师资关系等方面的改革调整。例如钟祖荣提出了"建立教师专业标准、有组织地进行分阶段培养培训目标与课程设置、解决教育理论与实践的结合问题、对培养培训机构加大支持和协调力度"[②]。谢安邦指出"一体化的改革策略是建立协调统一的领导关系、建立一体化教师教育机构、设计一体化的教师教育内容、建设一体化的教师教育师资队伍"[③]。伍力、郑开玲将教师教育一体化策略总结为"构建贯通教师教育职前与职后的课程体系和教学内容，加大对职后培训机构的管理力度，尝试建立教师专业发展学校，探索以校本培训为核心的多元教师培训制度"[④]。

5. 教师在职阶段的价值取向研究

教师在职阶段价值取向研究的成果相对较多，以对价值取向的建构研究为主，集中于教师专业发展取向、生命关怀取向、人本取向和生态取向等。

（1）教师专业发展取向的研究

进入 21 世纪以来，教师专业发展逐渐成为教师未来发展的新取向，并逐渐成为教育研究的热点。相关研究主要集中在教师在职阶段，主要包括三个方面：教师专业发展取向的内涵研究、教师专业发展取向的阶段研究以及教师专业发展取向的模式研究。

①教师专业发展取向的内涵研究。

在教师专业发展的内涵界定中，存在"教师专业化""教师专业发展"等概念混用现象。因此，许多学者对其进行了辨析。"教师专业化"强调教

---

① 钟祖荣. 教师教育一体化的反思与教育学院发展的选择 [J]. 教师教育研究，2011 (6)：9—13.

② 钟祖荣. 教师教育一体化的反思与教育学院发展的选择 [J]. 教师教育研究，2011 (6)：9—13.

③ 谢安邦. 教师教育一体化改革的理论探讨 [J]. 高等师范教育研究，1997 (5)：8—11.

④ 伍力，郑开玲. 关于教师教育一体化建设的若干思考 [J]. 教学与管理，2006 (11)：32—33.

师群体外在的专业性提升，而"'教师专业发展'有别于教师专业化，它强调的是教师个体内在专业特性的提升。教师本位的教师专业发展观是针对忽视教师自我的被动的教师专业发展提出的"①。

从构词法的角度，"教师专业发展"可以从两个层面来理解：一是"教师专业的发展"，强调教师职业的专门性；二是"教师的专业发展"，强调教师由非专业人员成为专业人员的过程。从现有文献来看，教师专业发展的内涵都是从教师专业素质与专业成长的角度来界定的，即"教师的专业发展"。如叶澜认为"教师专业发展是教师的专业成长或教师内在专业结构不断更新、演进和丰富的过程"②。宋广文、魏淑华将教师专业发展概括为"教师个体的专业知识、专业技能、专业情意、专业自主、专业价值观、专业发展意识等方面由低到高，逐渐符合教师专业人员标准的过程"③。刘万海论述道，教师专业发展是"以教师专业自觉意识为动力，以教师教育为主要辅助途径，教师的专业知能素质和信念系统不断完善、提升的动态发展过程"④。朱旭东指出，教师专业的内涵包括教会学生学习、育人和服务三个维度，故教师专业发展的基础包括教师精神、教师知识、教师能力。⑤

②教师专业发展取向的阶段研究。

我国对教师专业发展阶段的研究始于20世纪八九十年代，主要是指教师从适应期经由各种内化和转向逐渐发展到成熟期的过程。受教师专业社会化研究的影响，傅道春将教师的职业成熟过程划分为角色转变期、适应期和成长期三个时期。⑥吴康宁认为教师专业化过程包括预期专业社会化与继续专业社会化两个阶段。⑦张向东则把高中教师的成长分解为角色适应、主动发展、最佳创造、缓慢下降和后期衰退五个阶段。⑧郑彩国指出教师专业发

① 宋广文，魏淑华. 论教师专业发展［J］. 教育研究，2005（7）：71—74.
② 叶澜，白益民，王枬，等. 教师角色与教师发展新探［M］. 北京：教育科学出版社，2001：226.
③ 宋广文，魏淑华. 论教师专业发展［J］. 教育研究，2005（7）：71—74.
④ 刘万海. 教师专业发展：内涵、问题与趋向［J］. 教育探索，2003（12）：103—105.
⑤ 朱旭东. 论教师专业发展的理论模型建构［J］. 教育研究，2014（6）：81—90.
⑥ 傅道春. 教师行为访谈［M］. 哈尔滨：黑龙江教育出版社，1995：116—117.
⑦ 吴康宁. 教育社会学［M］. 北京：人民教育出版社，1998：215—221.
⑧ 张向东. 高中教师成长规律与结构优化的探索［J］. 浙江教育科学，1995（5）：18—22.

展经历了新手阶段、胜任阶段、熟练阶段和专家阶段。各发展阶段所要完成的知识任务分别为理论知识的物质存在形式向心理存在形式转化、理论知识向实践性知识转化、实践性知识的定向迁移和从实践性知识向理论知识的转化。[①] 钟祖荣、张莉娜基于对北京市 194 名骨干教师的调查，对教师专业发展阶段及其特点进行了研究，并根据调查研究的结果，按照素质、能力表现，结合教龄，将教师发展阶段划分为适应、熟练、探索、成熟及专家五个时期。[②] 卢真金认为，"在继续专业社会化阶段，教师专业发展经历适应与过渡、分化与定型、突破与退守、成熟与维持、创造与智慧五个时期，其对应的结果是教师分别成为适应型、经验型、知识型、混合型、准学者型、学者型和智慧型七类教师"[③]。

③教师专业发展取向的模式研究。

佐藤学、钟启泉认为教师专业发展经历了技能熟练模式及反思性实践模式。钟启泉对两种模式进行比较后指出，技能熟练型模式中，"教学实践"被视为学科内容的知识与教育学、心理学原理与技术的合理运用。教师的专业程度就是凭借对这些专业知识、原理技术的熟练程度来保障的。反思性实践模式中，教师的专业程度是凭借"实践性知识"来加以保障的。[④] 季诚钧、陈于清认为，技能熟练型模式侧重将专家型教师同新手教师进行比较，挖掘专家型教师所具备的特质，并指出专家的特质可以传递给一般教师，使其获得专业发展。反思实践模式的主要目的在于教师的"自主成长"，教师的专业发展就是一种自我反思的过程。[⑤]

更多学者对反思性实践模式进行了研究。熊川武指出，反思性教学具有以解决教学问题为基本点、以追求教学实践合理性为动力、以教师全面发展

---

① 郑彩国. 教师专业发展的阶段划分及其知识转型 [J]. 教育探索，2007 (11)：74—75.

② 钟祖荣，张莉娜. 教师专业发展阶段的调查研究及其对职后教师教育的启示 [J]. 教师教育研究，2012 (6)：20—25，40.

③ 卢真金. 教师专业发展的阶段、模式、策略再探 [J]. 课程·教材·教法，2007 (12)：68—74.

④ 钟启泉. 教师"专业化"：理念、制度、课题 [J]. 教育研究，2001 (12)：12—16.

⑤ 季诚钧，陈于清. 我国教师专业发展研究综述 [J]. 课程·教材·教法，2004 (12)：68—71.

为过程等特征。① 卢真金强调反思性实践过程中的"反思"，认为只有当人们发现一个问题并将它作为自己的问题时，才有可能开展反思性实践，由此促使教师形成了自我反思的意识。而自我反思意识是教师行为变化的基础，可使教师对实践经验的反省和对缄默知识的分析转变为明确的知识。② 林一钢从教师教育方法论的视角提出"实践反思性"教师教育，主要是指"教师在澄清学生已有的教育价值与理念的基础上，通过理论讲授与实践互动，借助学生对实践过程与结果的反思，将外在的教育教学理论逐步内化为个体理论，以达到掌握教育理论、技能，积累教育教学实践智慧目的的一种教学方式"③。其实践原则包括：以价值澄清为先导，化抽象的理论为具体的实践是重点，理论教授与实践互动是教学成功的保障，培养反思习惯是合格教师养成的关键。刘艳玲在归纳国际国内促进反思性实践的教学策略的基础上，提出"基于情境的合作探究"的课程实施观。其中，"情境"意味着实践经验、体验，"合作探究"则是课程实施的取向和方式，是沟通教育理论与实践体验的桥梁。④

（2）生命关怀取向研究

生命哲学理论推动了对教师成长与发展的研究。在此背景下，针对实践中教师本体价值缺失等问题，学界提出了生命关怀的价值取向，强调人性的完善和生命的成长。

叶进指出："在以实用功利取向或工具理性为价值的教师教育中，出现了知识至上、思想贫乏、精神迷离、生命浮躁的普遍现象。从生命视角彰显富于人性的教育关怀，是教师教育的责任担负与价值承当。复归人性、理解生命、关照生活、珍视情感、激扬生命是人文视野下教师教育生命关怀的真实体现。"⑤ 刘春花认为："实现教师教育从'素质关怀'到'生命关怀'的超越，使教师教育成为富于人文关怀并有益于教师幸福人生的伦理实践，是

---

① 熊川武. 反思性教学 ［M］. 上海：华东师范大学出版社，1999：1—9.
② 卢真金. 反思性实践是教师专业发展的重要举措 ［J］. 比较教育研究，2001（5）：53—59.
③ 林一钢. 论"实践反思性"教师教育 ［J］. 教师教育研究，2008（11）：7—11.
④ 刘艳玲. 培养"实践性反思者"的教师教育课程 ［D］. 上海：华东师范大学，2008：167.
⑤ 叶进. 人文视野下教师教育的生命关怀 ［J］. 黑龙江高教研究，2007（8）：103—105.

教师教育走向纵深发展之必然。"① 持相似观点的还有杜海平、石学斌，他们在《论生命哲学视野下教师教育价值取向》一文中阐述道："遵循教师生命的整体性、自主性、独特性、超越性是教师教育的前提性要求，从生命哲学高度观照教师生命，关注教师生命状态，提升教师生命质量，是教师教育的基本价值取向。"②

有学者强调了生命取向的多层性。刘剑玲从教师专业发展的角度入手，全面分析了教师和学生两个层面的生命成长方式，更具全面性。该作者强调教育、教学不仅仅要"看见"学生，还要有教师的"在场"。从生命的视角来观照教师成长就要关注学生的生命成长、关注职业生命成长、关注自身生命成长，实现自在与自为的统一。③ 伍叶琴、李森、戴宏才等认为教师发展应指向教师身体生命与精神生命的完善发展，既要重视实现教师生存的工具价值，又要重视实现教师人生的本体价值，由"关注教师的教书"转向"关注教书的教师"，即由关注教师专业发展转向关注教师生命发展。④

此外，唐松林、魏珊、张向众、马永全和王攀峰、张天宝等都对教师教育领域中教师在职阶段生命关怀取向的内涵、体现及策略进行了探讨，此处不再赘述。

（3）人本取向研究

教师教育的人本价值取向强调教师作为完整的"人"的存在，与生命关怀取向的思想内核相似。陈思颖、马永全认为人文主义取向对我国教师教育的启示在于："教师教育需要首先关注并理解教师作为'人'的存在；教师教育研究应基于一定的历史、文化与社会发展的脉络，体现教师的主体性，实现教师教育研究的全球视角与本土情境的融合。"⑤ 杜海平总结了教师教

---

① 刘春花. 从"素质关怀"到"生命关怀"——教师教育的伦理视角 [J]. 教育发展研究，2008 (8)：50—52.
② 杜海平，石学斌. 论生命哲学视野下教师教育价值取向 [J]. 教育研究与实验，2011 (4)：60—63.
③ 刘剑玲. 追求卓越教师专业发展的生命观照 [J]. 课程·教材·教法，2005 (1)：67—73.
④ 伍叶琴，李森，戴宏才. 教师发展的客体性异化与主体性回归 [J]. 教育研究，2013 (1)：119—125.
⑤ 陈思颖，马永全. 关注教师作为"人"的存在：论教师教育研究的人文主义取向——第二届全球教师教育峰会综述 [J]. 比较教育研究，2015 (4)：106—112.

育的能力取向、职业道德取向和人本取向三大价值取向，指出人本价值取向是教师教育的应然诉求，并将教师教育的人本价值取向界定为：在教师教育过程中尊重教师自身的专业发展，以民主自由、生命关怀以及和谐幸福为教师专业成长的主要内涵。①

（4）生态取向研究

生态价值取向从生态学的视角探究教师主体需要与环境、社会、文化的关系，强调动态、联系、平衡、全面地看待主体和环境的关系，具有极大的包容性和超越性。宋改敏、陈向明在《教师专业成长研究的生态学转向》一文中提出："教师专业发展的生态学取向，即在强调教师成长和环境之间关联与关系的生态学内涵和意蕴下，强调教师'群体'、学校'文化'的营建，重视通过'环境''氛围'对教师个人的影响来促进教师的专业成长。"② 任其平认为，生态取向的教师专业发展含有更大的包容性、系统性和现实性，并提出符合教师专业发展规律的生态化培养模式。③ 有学者从教育生态学的视角对教师专业发展的整体生态系统和教师主体的自我生态构建进行了论述。常文梅指出，教师专业发展是一个全面的、系统的、动态的和可持续的过程，它不仅要求教育生态主体不断提升自己的专业素养，更需要教育生态环境保障教师的专业发展。要实现教师的专业发展，必须优化教师存在的"生态环境圈"；同时，教师个体也要积极建构生态自我。④ 殷世东主张教师专业发展必须由理智取向、实践反思取向逐步转向生态取向，以营造良好的教师专业发展的生态环境，建构科学合理的教师流动机制，创设教师专业发展的生态系统。⑤

总之，从以往的研究来看，有关师范教育价值取向的研究仍有很大提升空间。首先，师范生培养是教师职前、职后专业发展全过程的基础与核心，但师范生培养阶段统合性的价值取向研究比较欠缺。其次，师范教育阶段的

---

① 杜海平. 论教师教育的人本价值诉求 [J]. 教育研究与实验，2010 (3)：71—73.
② 宋改敏，陈向明. 教师专业成长研究的生态学转向 [J]. 现代教育管理，2009 (7)：49—52.
③ 任其平. 论教师专业发展的生态化培养模式 [J]. 教育研究，2010 (8)：62—66.
④ 常文梅. 教师专业发展的生态化探析 [J]. 教育理论与实践，2013 (16)：36—39.
⑤ 殷世东. 生态取向教师专业发展的阻隔与运作 [J]. 教师教育研究，2014 (5)：36—41.

价值取向以对课程、体系和政策的研究居多，这从侧面反映着师范教育价值取向的内涵与变迁，但仍缺乏整体性和全局性的思考。再次，尽管不少学者以整合或重构的方式来建构师范教育统合或某一环节的取向，但对于价值取向的分析要素、应然价值取向合理性的理论论证等问题都少有提及。最后，尽管师范教育价值取向的统合研究较为缺乏，但在教育观转型的推动下，学界对教师在职阶段的价值取向展开了大量理论探索，强调从一元独立取向转向多元融合取向，为师范教育价值取向的进一步研究提供了有益借鉴。

（五）已有研究的总结与启示

通过上述从价值研究、价值取向研究、教育价值取向研究及师范教育价值取向研究四方面进行的文献综述，得出以下主要结论及启示。

1. 价值取向主客体关系的确认

首先，从相关研究来看，对价值的认识路径存在着依存于主体或客体一方的"观念说""属性说""实体说"以及基于主客体关系的"关系说"之间的争论。"观念说""属性说"或"实体说"主要站在主体或客体的一方来认识价值，缺乏对价值的全面、动态的理解。而"关系说"认识到了价值的关系范畴，是从主体尺度、需要及客体属性来把握价值的方法论，是对价值本质的科学认识。

价值哲学的"关系说"为人们提供了由主体尺度与客体属性所构成的关系框架和认识世界的方法论，而价值取向是价值取向主体基于一定价值观念及需要，对自身与客体之间的某种价值关系形成的倾向性认识和做出的相应行动方向选择，因此价值取向也是以主客体关系为基础的。尽管价值取向与客体相关，但在价值取向的决定性因素中，价值取向主体的相关规定性占主导地位：不同的价值取向主体及其不同的价值观念与需要形成了不同的价值取向。

其次，对价值取向主客体关系的明确有助于更好地理解师范教育价值取向中的主客体关系。师范教育价值取向是一种主客体关系的倾向性表达。也就是说，师范教育价值取向是由师范教育价值取向的主体及客体构成，但这并非师范教育本身的构成部分。师范教育价值取向的主体是师范教育价值取向的认识者、判断者和选择者，而非师范教育的主体。师范教育价值取向的客体是师范教育本身，而非师范教育的对象。由此，在师范教育价值取向研究中，客体是基本清晰的，关键之处在于对价值取向主体及其观念和需要的明确。

2. 人文化价值取向趋势的借鉴

首先，从对教育价值取向研究的梳理结果来看，自价值理论进入教育研究以来，关于教育价值的认识一直存在着外在价值与内在价值的博弈，教育价值的两种偏向导致教育的社会取向和个人取向的二元对立。历史上，在教育价值取向演变的不同时期，我国的教育价值取向较多地受到政治和经济需要的左右，总体呈现出偏重社会取向的趋势。随着现代教育的发展，传统教育价值取向中"人"的缺失和社会取向对人的束缚问题引起了学界重视，相关研究对此进行了审思，对人与社会融合、多元化、"以人为本"、生命关怀等价值取向做了积极探索，呈现出教育价值取向研究的未来走向。

其次，从师范教育价值取向相关研究来看，统合性的师范教育价值取向研究较少，师范生培养阶段价值取向的相关研究主要集中于师范教育课程、政策和体系的取向，关注师范生专业能力的提升，强调从工具本位向教师本位的移行。鉴于统合性的师范教育价值取向研究较为缺乏，教师在职培养阶段价值取向的有关研究成果可在一定意义上作为补充，其取向主要包括教师专业发展取向、生命关怀取向、人本取向和生态取向，它们强调了教师作为完整的"人"的地位与意义。综观现有成果，师范教育视野中"人"的研究，可以从人的存在与生命的完整、人的需要与生命的完善、个体实现与群体和谐等角度进行思考，这对深入探究师范教育应然的价值取向具有借鉴意义。

三、核心概念界定

（一）价值

基于对价值内涵的不同理解，学界形成了价值的"观念说""属性说""实体说""关系说"等认识路径。本书对价值的理解是基于关系型认识路

径，即价值不依附于主客体某一方而存在，也并非价值物实体本身，而是主体与客体之间所呈现的一种特殊关系，其产生、变化及发展均与主体的尺度和客体的属性有着莫大关系。价值产生于主体与客体的相互作用中，客体属性能够满足或接近满足主体需要时，主体与客体之间的价值关系才得以建立。价值关系中起主导作用的是主体的尺度，也即主体对客体的价值观念和需要。同时，价值关系中的客体也是不可或缺的，只有客体属性满足或接近满足主体需要，才能真正地建立价值关系。

本书采用李德顺的定义，将"价值"理解为"主体－客体相互关系的一种主体性描述，它代表着客体主体化过程的性质和程度，即客体的存在、属性和合乎规律的变化与主体尺度相一致、相符合或相接近的性质与程度"①。

（二）价值取向

前人对价值取向内涵的理解一般可归纳为"倾向性""行为取向""价值标准"三种类型。结合前人研究成果，本书认为价值取向是基于价值取向主体对价值关系的判断和确立而产生的，其依据是主体对客体的价值观念和需要，外显为主体对客体的倾向性行动方向选择。由于价值取向主体价值观念、需要的多样性和客体属性的多元化，主体与客体互动中会产生多种"主体需要－客体属性"之间的"满足"关系，形成不同的价值关系。价值取向主体为实现相应的价值关系，即客体属性对主体需要的满足，会对自身及客体条件进行分析，并针对客体做出相应的行动方向选择，由此形成了价值取向。

简单来说，本书认为价值取向是价值取向主体基于一定价值观念，为满足自身对客体的需要而产生的选择偏好，并由此做出针对客体的行动方向选择。价值取向主体的价值观念、观念引导之下产生的特定需要，以及相应的行动方向，共同构成了该主体的价值取向。

（三）师范教育

"师范"一词的英文源自拉丁文"norma"，是指木工的"矩规""图样"

---

① 李德顺. 价值论［M］. 北京：中国人民大学出版社，2013：53.

及"模型"，引申为"模范""典范"之意。《大英百科全书》指出，"师范教育"是"为培养中小学教师而设立的正式的培训项目"。《教育大辞典》解释"师范教育"即"培养师资的专业教育"。

从词源分析，早在我国西周时期，教育就有"官师合一，以吏为师"的说法。而"师"字最早出现在甲骨文中，有"文师"之称。《礼记》中有"虞、夏、商、周有师保"的记载。西周有"师""师氏"和"大师"的记载，"师"最初是军官的称号。《学记》中有"能博喻然后能为师，能为师然后能为长，能为长然后能为君。故师也者，所以学为君也"的记录；《论语·为政》篇中有"温故而知新，可以为师矣"的说法。此时的"师"含有"教师""模范"之意。西汉杨雄在《发言·字行》中说："务学不如务求师。师者，人之模范也。"汉语中的"师范"一词古已有之，如"师者，人之模范也"，以及"恭德慎行，为世师范"等。顾明远先生在其主编的《教育大辞典》中，将"师范"界定为"可以师法的模范"。在本书中，"师范"指的是以师者作为社会道德与行为的示范，是对教师的道德要求，也是对教师的基本要求，即所谓"学高为师，身正为范"。

"师范教育"这一概念最初来自日本。日本曾将西方专门的教师培养机构"normal school"译作"师范学校"，后者进一步演化为"师范教育"。我国直接将"师范教育"这个概念引进来，指代专门的教师培养活动。为区别于集师范生培养阶段和教师在职培养阶段于一体的教师教育，本书中的师范教育是指师范生培养阶段的教育培养形式。

（四）师范教育价值取向

根据价值取向的概念界定，本书认为师范教育价值取向是师范教育价值取向主体基于一定的师范教育价值观念，为满足自身对师范教育的需要而形成的选择偏好，以及由此作出的针对师范教育的行动方向选择。师范教育价值取向是一个整体的、过程性的描述，价值取向主体的师范教育价值观念、观念引导之下产生的特定需要，以及随之作出的倾向性行动方向选择，共同构成了该主体的师范教育价值取向。

师范教育价值取向回答了师范教育应当"为何"以及"何为"的问题。

"为何"探究的是师范教育价值取向主体的价值观念及其需要的问题，"何为"与师范教育价值取向主体的行动方向选择相关。"为何"与"何为"共同体现了师范教育的价值取向。

四、研究的目的、意义及创新

（一）研究的目的

本书借鉴了教育学、价值论、社会学和文化学等学科的理论与方法，以师范教育价值取向为研究对象，在建构师范教育价值取向分析框架的基础上，对新中国成立以来我国师范教育价值取向进行了回顾，探讨其存在的不足。进而，对师范教育的核心价值作出判断，并以此为依据探讨对师范教育价值取向的重构。具体目标如下：

一是明晰价值取向的主客体认识路径，并基于师范教育价值取向主体所主导的师范教育价值取向之价值观念层、需要层及行动方向层，以及客体即师范教育的定位、目的和实践路径，来搭建师范教育价值取向的分析框架。

二是运用师范教育价值取向的分析框架，对新中国成立以来我国师范教育价值取向进行回顾，指出我国师范教育价值取向存在的不足。

三是依据人的内涵、人与社会的关系、人与教育的关系等相关理论中对人的理解，明晰人的构成及地位，尝试性地解析完整的"人"的属性、存在方式与需要，以此作为探讨师范教育价值取向重构的理论基础。

四是基于对完整的"人"的理解，回归师范教育价值取向分析框架，以"成就完整的人"为底层逻辑，聚焦师范生个体的全面实现，搭建与之相符的师范教育价值取向之价值观念层、需要层及行动方向层，以此尝试对师范教育价值取向进行重构。

（二）研究的意义

1. 理论意义

师范教育价值取向在整个师范教育发展过程中具有宏观指导意义。师范教育的价值取向研究是师范教育理论研究的基础。然而，当前关于师范教育价值取向历史回顾及理想价值取向建构的研究成果非常有限。在师范教育价值取向现实问题的基础上，本书立足于完整的"人"，以人的内涵、人与社会的关系、人与教育的关系为理论支撑，分析人的属性、存在方式及需要，并以此为理论基础，尝试性地论述师范生的地位、存在方式及需要，以师范生作为完整的"人"的立场探讨对师范教育价值取向的重构。本书作为师范教育理论研究的有益补充，可为师范教育价值取向研究的进一步深化抛砖引玉。

2. 实践意义

本书在师范教育价值取向分析框架下，系统、客观地阐述了我国师范教育既往价值取向在不同阶段的不同内容，指出了既往师范教育价值取向存在的不足，对于认识并厘清当下师范教育价值取向所存在的问题具有一定现实意义。同时，由于师范教育价值取向的重构涉及观念、需要及行动方向各个层面，其对于师范教育改革思路与策略的整体统筹也具有一定参考意义。

（三）研究的创新

其一，研究框架具有一定的创新。本书在理解价值取向内涵的基础上，基于关系思维，围绕师范教育价值取向的价值观念层、需要层和行动方向层三个构成要素，以师范教育定位、目的和实践路径为抓手，系统地建构师范教育价值取向的分析框架，以便整体性地分析师范教育价值取向。

其二，研究视角具有一定的创新。本书基于对完整的"人"的理论认识，尝试性地分析了人的属性、存在方式及需要，并结合师范教育价值取向，探讨了师范生的存在方式和需要等维度，以此作为探讨师范教育价值取向重构的着手点。

五、研究思路与方法

（一）研究思路

本书秉承价值取向的关系思维，采用文献研究法、历史分析法，对既往师范教育价值取向进行了回顾，并分析其不足，在此基础之上，提出本书的

观点和立场，尝试对师范教育价值取向进行了重构。

首先，确定价值取向的主客体认识路径。价值取向是价值取向主体基于一定价值观念，为满足自身对客体的需要而产生的选择偏好及行动决策，是主客体关系的一种特殊形式。在此基础上，围绕价值取向主体所主导的师范教育价值取向之价值观念层、需要层和行动方向层三个构成要素，以及作为客体的师范教育的定位、目的和实践路径等分析维度，建构师范教育价值取向的分析框架。具体而言，依托师范教育定位来反映师范教育价值取向的观念层，借助师范教育目的来透视师范教育价值取向的需要层，通过师范教育实践路径来呈现价值取向的行动方向层，以此完整地、系统地搭建师范教育价值取向分析框架。

在此框架下，对新中国成立以来我国的师范教育价值取向展开研究，梳理不同时期师范教育价值取向在社会取向与个人取向之间的权衡与抉择，指出既往师范教育价值取向中存在着不同程度的观念层单一化、需要层片面化以及行动方向层工具化等问题。

其次，本书梳理了人的内涵、人与社会的关系及人与教育的关系，并以此为依据分析完整的"人"的属性、存在方式与需要，以此作为探究师范教育价值取向的理论基础。

最后，回归师范教育价值取向分析框架，以师范生为轴心，探讨重构师范教育价值取向的三个要素：其一，明确"以师范生为本"的价值观念。论证师范教育以师范生为核心指向的合理性，回答为什么要以师范生为本的问题，并基于人的存在方式进一步分析师范生的存在方式，解读以什么样的师范生为本。其二，强调以师范生生命完善为需要。基于人的需要，围绕师范生的个体性发展需要、社会性发展需要以及二者融通意义之上的生命完善需要，呈现师范生多阶、全面的发展需要图景。其三，设定激发师范生生命活力的行动方向。在"以师范生为本"的价值观念及以师范生生命完善为需要的前提下，推崇人文化的课程设置、生成性的教学范式以及平等交往的师生关系等实践路径。

（二）研究方法

1. 基本立场

本研究是关于价值取向的研究，涉及的基本问题有：如何理解师范教育价值取向；回顾既往师范教育的价值取向，总结其存在的不足；探讨重构师范教育价值取向。由此，本书的基本立场有二：

一是关系型思维。皮埃尔·布尔迪厄强调对教育现象的分析和研究应置于一定的关系框架中进行。本书以师范教育价值取向为研究对象，涉及师范教育价值取向的主体、客体及二者之间的关系，以及师范教育相关方的相互影响，应采用关系型思维方式来理解和分析。具体而言，首先，就师范教育内部而言，明确价值取向主体的价值观念、需要、行动方向与作为客体的师范教育存在、属性的关系；其次，就师范教育外部而言，分析师范教育与政治、经济以及"人"的发展的关系。

二是立足于"人"来理解师范教育价值取向。价值取向研究中对"人"的理解可以划分为两个层面：一是人与物的区别，二是个人与社会的对立统一。相对于人与物的区别而言，个人与社会的关系才是师范教育价值取向研究中永恒存在的"难题"。基于对人与社会关系的不同理解，形成了不同的价值观念、需要与行动方向，从而生成了相应的价值取向。但是从师范教育本质来看，师范教育是以人为原点、目的以及主体的社会活动，由此可确认人是其永恒的核心价值指向。因此，本书根据哲学中对于人的内涵的理解来把握人的属性，在人与社会关系的历史脉络中考察人的地位，在教育对人的理想化预期中探究人的定位。在此基础上，对人进行解析，以此作为师范教育价值取向反思的理论支撑。最后，再结合师范教育实践，回归师范教育价值取向分析框架，从师范生作为完整的"人"的立场出发，遵循"以师范生为本"的价值观念，以师范生生命完善为需要，以激发师范生生命活力为行动方向，来重构师范教育价值取向。

2. 具体方法

(1) 文献分析法

文献分析法是通过收集、整理、研究文献来认识事物的研究方法，是文本分析最基本的方法。在运用此方法时应注意两个问题：一是要注意文献内容的一手性和代表性。文献取材将直接影响结论，所以文献来源，尤其是历史资料应以一手且具有代表性的相关文献为主。二是要注意文献研究法与逻辑方法的有机统一。为了不被繁杂的材料影响，应借助逻辑的方法，透过现象把握本质并形成自己的观点。

本书主要采用相关历史文献作为事实依据及论证基础，其内容除了一般意义上的文献，还包括大量政策文本。本书主要选取了新中国成立后与师范教育相关的重大决议、教育方针政策、师范教育改革方案、师范院校办学的具体文件等政策文本，通过对文本资料的分析，梳理不同历史时期师范教育发展的历史背景和趋势，把握师范教育发展变迁脉络，从中分析我国各时期的师范教育定位、目的以及师范教育的具体实践路径，以探寻国家视角下师范教育价值取向的观念层、需要层及行动方向层，从而厘清师范教育在社会系统和教育体系中的真实地位，探究师范教育价值取向的流变及方向。

(2) 历史分析法

历史分析法强调将事物放置于整个历史发展进程及特定的历史情境中，以一种发展、变化、联系和全面的眼光来研究、认识事物全貌，从而发现规律、预测未来。学界对师范教育价值取向的认识正是随着时代变迁与社会转型而不断深入、变化的，因此运用历史分析法对我国师范教育的价值取向进行探究，首先要将师范教育置于整个社会及教育历史进程中作纵向梳理，以明晰师范教育价值取向发展变化的特点及趋势。其次，将其置于特定历史时期的政治、经济、文化等背景下作横向剖切，以厘清师范教育价值取向嬗变的影响因素及相互关系。这样动静结合、纵横交错的研究，有助于客观把握师范教育价值取向的内涵、维度及合理归属，分析其形成及转变原因，重新审视师范教育价值取向之观念层、需要层及行动方向层，从而对师范教育价值取向的调整做出合理选择。

第一章

师范教育价值取向的认识路径与分析框架

为从整体上把握和探究师范教育价值取向，应基于价值研究的主客体认识路径，结合师范教育实际，建立师范教育价值取向的分析框架。首先，以关系型思维来理解价值取向，明确价值取向主体、主客体关系的内涵及主体性原则，明确价值取向是从价值取向主体出发的，是基于主体的价值观念，为满足自身对客体的需要而产生的选择偏好及相应的行动策略。即价值取向必然是主客体关系的一种特殊形式。其次，将关于价值取向的分析放入师范教育的语境中，建构师范教育价值取向的分析框架。以师范教育价值取向的概念界定及内部逻辑关系为依据，将师范教育价值取向的构成要素分解为某一价值取向主体的价值观念层、需要层和行动方向层，并以该主体认识之下的师范教育定位、目的及实践路径作为构成要素的分析维度，以此搭建师范教育价值取向的分析框架。

一、价值取向的主客体关系认识路径

世界是关系的世界，事物之间的普遍联系与矛盾统一构成了世界。因此，主体与客体的关系成为哲学研究的基本范畴，不同哲学流派对主体与客体的内涵及其关系也做了广泛的研究。主体与客体的关系产生于认识，统一于实践，反映出价值。因此，主客体关系既是认识关系，又是实践关系，还是价值关系。

价值是基于特定主体而形成的主体需要与客体属性之间的关系，是主客体关系的一个类型。而价值取向是价值取向主体基于自身价值观念，对自身需要与客体属性之间价值关系的倾向性认识，并据此选择相应的行动方向，使客体属性满足价值取向主体的需要。因此，价值取向也是主客体关系的一

种特殊形式。而要深入理解价值取向的主客体关系，就应该首先认识价值取向主体的含义，进而明晰价值取向主客体关系的实质，确立价值取向研究的主体性原则。

（一）对价值取向主体的认识

价值取向是主体性的，价值取向主体是价值取向形成的基础，也是价值取向研究的核心。要深入分析价值取向主体，首先应明确价值取向主体的本质，其次应对价值取向主体的具体内涵进行界定，以免与相关概念混淆。

1. 对价值取向主体本质的认识

（1）哲学中的主体论

本书所讨论的主体，是认识范畴、实践范畴或者关系范畴的主体，是哲学意义上的主体，而非一般意义上的主体。从古希腊开始，不同的哲学流派对主体就有着不同的解释。

智者学派的领军人物普罗泰戈拉说："人是万物的尺度，是存在者存在的尺度，也是不存在者不存在的尺度。"① 他认为人的尺度具有相对真实的信念，强调人，尤其是人的感性才是衡量事物的标准及主宰万物的力量。苏格拉底进一步从理性的视角阐述了主体意识，主张到"心灵世界"中去探求真理。古希腊、古罗马时期，以人的感性或理性作为"认识主体"的认知就此萌芽了。

经院哲学把人"归属"于上帝，将上帝看成世界的主体，上帝通过启示诱导人们相信其能支配一切，决定一切。

中世纪以后，主体又复归到人的某种属性之中。笛卡儿提出"我思故我在"，推崇抽象的主体，表现为"我思"。康德认为："世界的主体是人的思维，外部世界的一切都是人的思维的表现，这些外部表象也和一切其他思维一样，都只是属于思维主体。"② 黑格尔进一步指出，"世界的主体是绝对观

---

① 罗素. 西方哲学史（上卷）[M]. 何兆武，译. 北京：商务印书馆，1963：111.
② 康德. 纯粹理性批判 [M]. 邓晓芒，译. 北京：商务印书馆，1995：307.

念、是理性，'理性'是世界的主体"①，自然界和人是"绝对观念"外化的产物，是受其支配的。这些观点将主体依托于人的意识、理性或绝对意志等精神层面，承认了人的能动性但过于夸大了主观意识的作用。

费尔巴哈将主体的本质界定于人本身，他认为："主体既不是先验的'自我'，也不是客观精神，而是'实在的完整的人'。"② 费尔巴哈的抽象主体论指向有血有肉的人，试图从单一的人的本质中抽象出永恒不变的人性，从而形成人性的公理，但他忽略了主体的实践活动及其社会关系，缺乏历史性发展的视野。

区别于抽象的主体论，马克思主义哲学充分批判地继承了前人的思想成果，在辩证唯物论和历史唯物论的基础上对主体进行了解说。首先，马克思主义哲学明确了"主体是人"这一概念。马克思提出"主体是人""人始终是主体""人是有意识的对象性存在物"③。人在对象性生产活动中，"不仅为主体生产对象，而且为对象生产主体"④。其次，马克思主义哲学对主体做出了具体界定。唯物史观指出人是自然的、精神的和社会的存在，是社会关系的总和，是历史文化积淀的结果，人存在于实践活动之中。作为主体的人，是精神与肉体、意识与存在、自然性与社会性的统一，而非抽象的人。基于马克思主义哲学对人的理解，可明确，主体是具体的人。

（2）价值取向的主体

基于对马克思"主体是人"观点的一般性理解，我们认为价值取向的主体是人，是完整的人，亦是有层次的人。

其一，价值取向主体是人。主体只能是人，而非物、神、客观精神、主观意识或其他生命存在。人的这种地位不是来自上天的赐予，或大自然固有

① 北京大学哲学系外国哲学史教研室. 十八世纪末—十九世纪初德国哲学 [M]. 北京：商务印书馆，1975：47.

② 费尔巴哈. 费尔巴哈哲学著作选集（上卷）[M]. 荣震华，译. 北京：商务印书馆，1984：180.

③ 中共中央马克思恩格斯列宁斯大林著作编译局. 马克思恩格斯全集（第42卷）[M]. 北京：人民出版社，1979：96.

④ 中共中央马克思恩格斯列宁斯大林著作编译局. 马克思恩格斯选集（第2卷）[M]. 北京：人民出版社，1972：95.

的秩序，而是来自人类自己的奋斗与发展。人类依靠自己的力量从自然界发展起来，不再仅仅是大自然中的被选择者，同时也是有力量的选择者。人类不仅在事实上或实践上具有这种选择的力量，还在观念中、在意识与自我意识中显现这种力量。① 万物的价值何在，价值关系如何选择，都是以人的尺度来评判或筛选的。就价值取向的内涵来看，价值取向正是由价值取向主体发起的，以该主体对客体的价值观念及该观念引导下的一定需要为依据，对主体需要和客体属性所构成的多种价值关系进行判断，进而选择相应的针对客体的行动方向，使客体属性满足价值取向主体的需要。我们认为，只有人才有可能成为认识活动的主导者、价值判断的决策者、行动方向的选择者，因而价值取向的主体只能是人。

其二，价值取向主体是完整的人。主体是以人在对象性活动中的现实地位为标志的，之所以为"体"，是强调其独立的现实性和完整性，即主体作为现实的存在者所具有的全部属性和要素，而非某些片面要素或抽象特征。主体是现实的人，不是单纯的灵魂或肉体。② 这也与马克思对人的理解一致。作为哲学中的价值哲学范畴，价值取向主体的本质也应是人的属性的全部，包含完整的人的所有要素。

其三，价值取向主体是具有层次性的人。从广义上理解"人"，可将其划分为个体、群体、类等多种层次。也就是说，"人"作为主体的类型可以是多样的，包括个体的人以及由人组成的其他衍生形式，例如以群体的人集结而成的社会或国家，他们由人组成，也是具有认识、选择及价值判断能力的主体类型。这一观点在李德顺的《价值论》中有很好的论证。他指出，作为主体的"人"应具有多种层次。在最高层次上，将人类看作一个整体；在次一级层次上，把某一特定历史阶段的人类，如现代人类、原始人类看作一个整体；在更次一级层次上，把每一时代的人类社会中包含着不同人的社会群体，如地区、国家、民族、阶级、阶层、行政单位、社会团体等看作一个整体；在最低一级层次上，人代表着个人。③ 这一观

---

① 李德顺. 价值论 [M]. 北京：中国人民大学出版社，2013：99.
② 李德顺. 价值论 [M]. 北京：中国人民大学出版社，2013：33.
③ 李德顺. 价值论 [M]. 北京：中国人民大学出版社，2013：31—32.

点囊括了各类层次的人的集合形式，阐明了人以及由人组成的其他衍生形式或结构类型，从而论证了诸如个人、社会、国家等作为价值取向主体在理论上的合理性。

价值取向研究不能将价值取向的主体单一化或绝对化，应从主体层次的角度，综合分析不同层次的人的价值取向。但是需要特别指明的是，为了避免人与社会、国家等概念的混淆，本书虽然从广义上的人的角度阐述了个人、国家、社会等概念在理论上作为价值取向主体的合理性，但为突出人作为人的属性，本书中的人是指个体的人，表现为个体的人的整体性的生命存在形式，是区别于社会与国家等概念的非广义但完整的人。

2. 对价值取向主体内涵的认识

基于价值取向的概念界定，价值取向是价值取向主体根据自身对客体稳定的、一贯的价值观念，为满足自身对客体的需要而产生的选择偏好，以及由此做出的针对客体的行动决策。换言之，价值取向主体是价值取向的认识者、判断者与选择者，而非价值取向内容或者价值关系的表达。

例如，在"个人的价值取向"这一表述中，"个人"是价值取向的主体。"个人的价值取向"是"个人"对其对象性客体的价值取向，是"个人"对价值取向的认识、判断与选择。价值取向的主体只能是人及由人构成的衍生形式或类型。而"个人价值取向"或"个人取向"这一表述是价值取向内容的表达，是某一主体以人的发展完善为终极追求的价值取向。价值取向内容的表达形式按照不同划分依据有着不同类型，如个人取向、群体取向、社会取向，精神取向、物质取向，经济取向、政治取向、道德取向、实践取向等。而决定价值取向内容的依据是价值取向主体的尺度。

尽管在某些关系中，价值取向的主体与价值取向内容的类型在文字表达上有相似性，比如以"个人"为某一价值取向的主体时，这一"个人"的特定需要又恰巧是"个人取向"的，则价值取向的主体与价值取向内容都指向于"个人"，但这丝毫不代表二者在价值取向这一范畴中的性质或内涵一致。作为"个人"的价值取向，其内容可能是个人取向的，也有可能是物质取向、社会取向、实践取向的，这与价值取向主体的尺度相关。

正是这种文字表述的相似性，造成了理解上的混淆。基于此，本书有必要再次厘清此界定。所谓价值取向的主体，是"价值取向"的主体，而非"价值"的主体或取向的内容类型，它是价值取向的认识者、判断者与选择者。换言之，"某一主体"的价值取向，是以"某一主体"作为价值取向主体的价值取向，而非价值取向内容的类型。

以本书为例，以国家为师范教育价值取向的主体，探究国家的师范教育价值取向，亦即探究国家所秉持或国家所设定的师范教育价值取向。国家的师范教育价值取向并不等同于国家取向的师范教育价值取向，前者强调价值取向主体，后者强调价值取向内容。国家的师范教育价值取向是国家认识、理解和选择之下的师范教育价值取向，是国家基于自身对师范教育的价值定位，对师范教育做出相应行动方向选择或调整，由此形成的师范教育价值取向的特定格局。其价值取向的现实内容是什么、应然内容又是什么，正是本书研究的重点所在。

（二）价值取向主客体关系的内涵

主客体关系属于哲学认识论的范畴。自古以来，许多学者都对主体与客体的关系做了深入研究。

康德认为："如果我们取消主体，空间与时间消失：作为现象的这些不在自身中存在而只在我们之中存在。"① 这从观念论的角度说明了客体是相对于主体而言的，不能独立于主体存在。唯理论者费希特基于自我意识对康德的认识论进行了批判，强调客体是由认识、理智等活动构成的感觉、经验和思维，是人活动的基础。他认为："理智的各种活动是自我意识发展的手段，如果没有理智的这种特殊活动，心理就不能自由和自觉。"② 黑格尔指出："实在是逻辑的演化过程。它是精神过程，因此，只要我们自身经验到这种过程，就可以理解它。""神圣的精神或理性表现在人类历史中。"③ 他认为主体的认知能力体现在绝对精神之中，主体被虚化为绝对精神，客体成为经验的外化

---

① 肯尼. 牛津西方哲学史（第3卷）[M]. 王柯平，译. 长春：吉林出版集团有限责任公司，2010：172.

② 梯利. 西方哲学史 [M]. 葛力，译. 北京：商务印书馆，1995：77.

③ 梯利. 西方哲学史 [M]. 葛力，译. 北京：商务印书馆，1995：470.

形式。费尔巴哈将主体确定为抽象的人，他认为主体是可以感知的事物，而不是由绝对精神或理性所控制，客体是主体之外的感性事物。

马克思主义哲学系统论述了主客体关系，指出主体与其对象性关系指向的客体构成了主客体关系。主体是有意识、有思维、有能力的从事实践活动的人类，是对象性活动行为者本身。而客体是相对于主体而言的，是主体认识和实践活动指向的对象本身。主体与客体这对范畴，其意义不在于描述了主体与客体的一般性存在，而在于描述了各自在实践中的具体地位，在于二者的对象性关系。也就是说，在人与外部世界的互动过程中，并非所有的对象都是客体，只有在对象性关系中，主体通过对象化活动认识和改变的事物才能称为客体，而作为唯一的认识、实践行为者的人及由人组成的其他衍生形式或结构类型则是主体。同时，客体是被对象化活动所认识和改变的对象性活动的产物，而"人类的对象化活动不仅指向人以外的世界，也指向人类本身，所以在任何主客体关系中，站在主体地位上的一定是人，但是作为客体的却不一定是非人"①。换言之，对象性关系中的客体，包括人以外的世界以及人自身，主客体关系存在着"主−外部世界"主客体关系与人的自我主客体关系两种类型。

在人与自然世界和社会世界的互动中，人及由人组成的其他衍生形式与其互动对象形成了主客体关系。基于马克思关于主客体关系的认识，我们认为主客体关系既是认识关系，又是实践关系、价值关系。在诸多主客体关系中，只有客体属性对主体需要的满足或接近这一关系才是价值关系，是价值取向的基础。而价值取向也是一种特殊的主客体关系，是价值取向主体对客体的认识、判断及选择，它不仅是主体基于自身价值观念对客体的一种基本认识，还包括由这种基本认识引发的以某种需要为主的判断，以及为实现此种"需要−属性"的"满足"关系而做出的行动方向选择。价值取向是关系范畴，呈现出以人及其衍生类型为代表的主体与人、与社会、与自然、与世界的关系。因此，只有从主客体关系的角度才能整体地、真正地把握和理解价值取向。

---

① 李德顺. 价值论［M］. 北京：中国人民大学出版社，2013：32.

（三）价值取向的主体性原则

在价值取向这一主客体关系范畴中，主体与客体之间的地位并非"势均力敌"。不同主体对不同客体有着不同的价值取向，不同主体对同一客体有着不同的价值取向，同一主体基于不同价值观念和需要对客体也有着不同的价值取向。简言之，价值取向的形成过程与价值取向主体及其尺度息息相关。尽管客体也是价值取向形成的重要因素，但在价值取向主客体关系中，价值取向的形成与价值取向主体的认识、判断、选择有着更为密切的关系，客体的属性基于价值取向主体的需要而被赋予价值。可见，在价值取向这一关系范畴中，主体占据着明显的主导地位。也就是说，价值取向具有鲜明的主体性原则，具体表现在以下三方面。

其一，价值取向主体的自为性。价值取向是价值取向主体根据自身对客体的价值观念，为满足自身对客体的一定需要，而呈现出的选择偏好及相应行动决策。也就是说，价值取向主体对主客体价值关系的认识及倾向性选择都是以自身规定性为基础的，是以自身价值观念及需要作为判断及选择的依据，具有一定偏向性，其目的是使客体属性满足自身需要，为主体"服务"，从而决定了价值取向的内容和方向。这一过程无不体现着主体在价值关系判断和选择过程中的"为我"倾向。

其二，价值取向主体的主导性。价值取向主体承认客体的客观存在，并根据自身价值观念、需要来对客体进行价值设定，是价值取向主客体关系的首动者和推进者。价值取向主体对客体的作用表现为主体对客体直接或间接地认识、判断、选择、建构或改造。正是由于价值取向主体的主导性，价值取向客体的主体化过程才得以推动。这也是价值取向主体的尺度显现于客体的过程。

其三，价值取向主体的调节性。在价值取向主客体形成对象性关系的过程中，一方面，价值取向主体基于自身意识、价值观念来判断这一过程的方式或结果是否与自身需要相匹配，并以此为依据对行动方向做出选择或调整；另一方面，价值取向主体也接受客体及客观条件的约束，调节其行为。

这一过程是自律和他律的统一，又"以自律为主，在自律中反映和吸收着他律"①。

二、师范教育价值取向的分析框架

在明确师范教育价值取向认识路径的基础上，要对师范教育具体的价值取向进行剖析，就应建立合理的分析框架。其思路分为三步：首先，基于对师范教育价值取向的概念界定和内部逻辑关系的认识，明确师范教育价值取向构成要素的划分依据；其次，确定师范教育价值取向的构成要素并厘清各要素之间的关系；最后，明确师范教育价值取向构成要素的分析维度，并结合本书中的价值取向主体，明确分析逻辑及取材范围。

（一）师范教育价值取向构成要素的划分依据

为建立师范教育价值取向的分析框架，应首先确立科学的划分依据。师范教育价值取向构成要素的划分除了要准确揭示师范教育价值取向的实质外，还应佐证各要素之间是具有逻辑关系的概念群结构。本书拟以师范教育价值取向的概念界定及师范教育价值取向的内部逻辑关系两方面知识为依据来对其进行划分，力求更加客观、科学、整体地呈现师范教育价值取向的"全貌"。

首先，从本书对师范教育价值取向的概念界定来看，价值取向是价值取向主体为满足自身对客体的需要而产生的选择偏好，并由此作出针对客体的行动方向选择。因价值取向主体的价值观念、需要的多元化和客体属性的多样性，在客体与价值取向主体的互动中会产生多种"需要－属性"之间的"满足"关系，从而形成不同的价值关系。而主体根据自身价值观念及其引导下的某种需要，来规范或调整其行动方向，由此形成了特定价值取向。师范教育价值取向的概念界定揭示了其生成过程及构成要素，明确了师范教育价值取向是由价值取向主体的价值观念、需要和行动方向三

---

①　李德顺. 价值论［M］. 北京：中国人民大学出版社，2013：39.

个要素所构成。

其次，从师范教育价值取向的内部逻辑关系来看，价值取向发端于主体最核心的原初驱动力，并逐层推进，及至表层，从而形成一种具有方向性的过程。基于此特点，本书拟借鉴文化分层结构模型的划分方式，从事物内部的层次结构来阐释各构成要素之间的相互关系。

在文化学研究中，学者普遍采用"洋葱模型"，将事物由内而外或由外而内地划分为不同层次来进行分析。如 1974 年，在瑞士举办的洛桑会议将文化定义为一个由信仰（关于源起、实在、终极意义）、价值观（真、善、美、规范）、习俗（关于说话、祷告、服饰、工作、娱乐、贸易、农耕、饮食等）以及表达这些信仰、价值观、习俗的机构（政府、法庭、寺庙、教会、家庭、学校、医院、工厂、商店、团体、俱乐部等）整合起来的系统。美国管理学家沙因将文化划分为表层、中层和核心层三个层次："表层包括一些可见的事实，可以通过观察清楚地看到或发现，如建筑物、艺术品、行为模式、着装、交流方式、协议制度、具有象征意义的事物等；中层包括群体或组织共同信奉与提倡的精神与原则，是对表层含义的解释与说明；核心层则是指人们外显行为的基本假设和理念，如世界观、人生观和价值观等。"[①] 所罗门和谢尔将文化分为外层、中间层和内核层，外层是显性文化，中间层是隐藏文化，内核层是隐性文化。不同的社会具有不同的文化，这种文化差异或深厚或细微，或明显或隐藏，现实存在又不断改变，文化渗透于整个社会生活，规范着人们的现实行为。[②]

文化分层模型由外而内或由内而外的分层模式，为师范教育价值取向构成要素之间的关系定位提供了借鉴。师范教育价值取向构成要素之间不是某些零散因素的简单组合，各要素之间是一种严密的、合乎逻辑的层层推进关系。为了合理、整体地呈现师范教育价值取向，本书拟对师范教育价值取向进行由内而外的分层剖析，从师范教育价值取向的核心层（价值观念层）、

① SCHEIN E H. Organizational Culture and leadership [M]. 3rd ed. San Francisco：Jossey-Bass，2004.

② SOLOMON C M, SCHELL M S. Managing across cultures：the seven keys to doing business with a golbal mindset [M]. New York：McGraw-Hill，2009.

中层（需要层）和表层（行为方向层）来认识师范教育价值取向的构成要素。

（二）师范教育价值取向的构成要素

如前所述，师范教育价值取向的构成要素由内而外可依次分解为价值观念层、需要层和行动方向层三个层次。其中，价值观念层是核心层，也即本质层，是价值取向主体对师范教育本质的稳定认识，是决定价值取向产生和变化的根本性因素；需要层是中间层，是基于价值取向主体的价值观念而形成的对师范教育的长期性诉求或期许，是其行动方向选择的依据；行动方向层是外层，也即现象层，是在价值取向主体的价值观念指引下，为满足一定需要，对客体所采取的行动决策，是价值取向外在的表现形式。

1. 核心层：价值观念层

"价值观念是人们关于基本价值的信念、信仰、理想的系统"[①]，是主体对客体的一贯性基本认识。基于不同价值观念的价值取向是不同的，价值观念是某一价值取向生成的主导要素，是价值取向产生的内在根据。因此，要对价值取向进行深入分析，应首先明确价值取向主体的价值观念，它决定着主体的需要和行动方向。

师范教育价值取向的价值观念层是价值取向主体对师范教育本质的认识，是对师范教育中个人或社会的地位与价值的理解，体现着师范教育是以人还是以社会为主导。在师范教育价值取向中，价值取向主体对师范教育有什么样的认识、判断和选择不是由主体随意决定的，而是受价值取向主体对师范教育本质的理解，也即价值观念决定的。就主流的价值观念而言，师范教育价值取向的价值观念层大致表现为以人为主导的价值观念和以社会为主导的价值观念的博弈：以人为主导的价值观念强调人的价值与意义，此种观念下的师范教育主张在个人生存、发展基础上以其自由完善为终极追求，以人的价值实现为目的，彰显着师范教育的内在价值；而以社会为主导的价值观念是以社会发展为最终旨归，此种观念下的师范教育更多地成为社会发展

---

① 李德顺. 价值论 [M]. 北京：中国人民大学出版社，2013：137.

——师范教育价值取向发展研究

的手段，凸显着师范教育的外在价值，使人的主体性被忽略，主观能动性被抑制，甚至成为社会发展的工具。

2. 中间层：需要层

需要是主体因自身结构的规定性及其价值观念而产生的对客体属性的诉求。价值取向中的需要是一般性的、理性化的，是作为目标来追求的需要，如生存享受是一般的需要，而饥肠辘辘则是具体的需要①，后者不在我们讨论的"需要"之列。价值取向主体的需要是主体对主客体间价值关系的倾向性认识、选择的基础和前提，是价值取向的立足点。需要是价值取向研究的重点，向上可以反映出真实的价值观念，向下可以分析和印证具体的行动方向。

师范教育价值取向的需要层是在价值取向主体的价值观念基础上形成的，是对师范教育功效或价值诉求的主体性表达，是该主体的倾向性行动方向的依据和指引。伴随着社会历史的演进，师范教育价值取向之需要层存在着根本性的分化，主要表现为个人需要和社会需要。个人需要是个体生存、发展之所需的表达，这种表达既有生理性的，又有心理性的，既表现为物质之需，又表现为精神之需，不同需要之间没有贵贱之分。个人需要体现在或将师范教育作为师范生基本生存需求的保障，或将师范教育作为师范生社会化的途径，或将师范教育作为师范生价值实现的方式、终身事业的追求。在分析个人需要时应认识到个人需要的多元性与整体性。社会需要表现为以社会政治经济发展为直接和最终目的，对社会需要的一味强调往往引导着师范教育以培养服务于政治经济发展的教师为主要目的，功利性地将人视为社会发展的工具，忽视了师范教育中人的发展，架空了师范教育的本真意义。

3. 外层：行动方向层

行动方向是指对实践方式、路径的决策和把握，是价值取向的具体表现形式。价值取向主体的价值观念是价值取向的内在依据，主体需要是价值取向的基础，二者决定着主体对行动方向的选择。换言之，对行动方向的分析可反映或论证主体的观念及需要。

---

① 徐玲. 价值取向本质之探究［J］. 探索，2000（2）：69—71.

师范教育价值取向之行动方向层是师范教育价值取向主体为满足自身需要，对师范教育的运作路径和发展方向的选择，是该主体的价值观念及需要的外显形式。师范教育在本质上是教育活动的一种形式，它一方面承担着促进政治、经济和文化等发展的社会职能，另一方面则要促进师范生的"人化"及社会化。而师范教育基于不同的主体观念及需要，外显为对行动方向的不同选择：个人取向的师范教育为满足个人的生存或发展需要，呈现出人是目的，也是手段的行动方向；而社会取向的师范教育主要以社会的稳定、秩序和发展为需要，呈现出社会是目的，人是手段的行动方向。

（三）师范教育价值取向构成要素的分析维度

价值取向构成要素具有一定主观性与内隐性，为客观、合理地剖析其具体内容与方向，应以适切且"可见"的依据作为构成要素的分析维度，以明晰其特定格局。一般认为，价值取向是客体主体化的过程，师范教育价值取向也是作为客体的师范教育属性主体化的过程。师范教育价值取向主体的价值观念、需要和行动方向投射、作用于客体，并以客体的相关属性、功能来呈现，最终表现为该主体认识之下的师范教育定位、目的和实践路径。即某一价值取向主体的价值观念表现为其认识之下的师范教育定位，该主体的需要表现为其认识之下的师范教育目的，该主体的倾向性行动方向表现为其认识之下的师范教育实践路径。也就是说，师范教育的定位、目的及实践路径可以客观地反映主体的价值观念、需要和行动方向，因而可以将其作为构成要素的分析维度。具体而言：

首先，师范教育价值取向之价值观念层是价值取向主体对师范教育本质的认识和理解。价值取向主体对自身与主客体之间价值关系的认识或倾向性行动选择都是以基于自身基本规定性而产生的价值观念为基础的。"这样，主体在一开始就规定了客体与自己相对应的侧面，从而使客体的自在规定性被加以选择和改造"[①]，打上主体的烙印。由此，价值取向主体的价值观念显现于客体之上，即表征为该主体认识之下的师范教育定位。反之，师范教

---

① 李德顺. 价值论［M］. 北京：中国人民大学出版社，2013：43.

育定位是师范教育自身地位的表现，它回答了师范教育为谁服务、体现谁的利益的根本性问题，折射着师范教育中个人或社会的地位及价值，也即师范教育价值取向主体的价值观念。因此，通过师范教育的定位可明确师范教育价值取向之价值观念层内容。

然而，鉴于价值取向主体的不同，不同分析维度的材料甄选应具有差异性和代表性。本书主要探讨国家所秉持的师范教育价值取向，也即以国家为师范教育价值取向的主体。在此前提下，师范教育定位的取材应以与师范教育相关的政策文本为直接材料，以与师范教育相关的国家理念、重大改革调整为间接材料，从中透视师范教育的定位，明晰社会与个人在师范教育中的地位，以揭示国家对师范教育本质的认识，进而厘清国家的师范教育价值观念。

其次，师范教育价值取向之需要层是价值取向主体基于自身价值观念而对师范教育产生的价值诉求。师范教育价值取向主体的需要，不论是精神需要还是物质需要，个人需要还是社会需要，最终都以客体主体化的客观结果表现出来，体现着客体接受、服从和服务于主体的规定性，并外显为该主体理解之下的师范教育目的。反之，师范教育的目的是一个历史范畴，一般表现为与特定主体的需要相关联，是以某一"主体需要－客体属性"的"满足"关系为标准而预设的要求或任务，是对师范生发展类型和程度的描述与表达，反映着该主体的需要。因此，借助师范教育的目的可揭示师范教育价值取向之需要层内容。

就本书而言，分析师范教育的目的，应以与师范教育相关的政策文件、教学计划、培养方案等文本为直接材料，以与师范教育相关的国家理念、重大改革调整为间接材料，总结国家对师范生规格和素养的要求，明确国家对师范生发展中个人价值或社会效用的偏向，以反映国家对师范教育的需要。

最后，师范教育价值取向之行动方向层是价值取向主体对师范教育具体行动方式、路径方法的选择和设定，旨在指导实践，使师范教育的属性满足主体需要。师范教育价值取向主体的行动方向是关于"怎么做"的决定，将其作用于客体并使之"现实化"，从而表现为该主体认知之下的师范教育实践路径。当然，这种实践路径基于价值取向主体的不同，可能是理性层面的，也可能是现实层面的。反之，师范教育实践路径是师范教育培养模式和措施，包括师范教育课程设置、培养方案、教学形式、教学内容与方法，是该主体的行动方向的具体化、外化表现。因此，通过对师范教育实践路径的分析可以透视师范教育价值取向之行动方向层内容。

就本书而言，国家意志中的师范教育实践路径就是现实的师范教育教学中的实践方式，学校作为师范教育的实施者，在一线教育教学过程中所实施的实践举措从大方向来说与国家所设定的行动方向是一致的，是对国家决策的执行。因此，这一分析取材应以与师范教育相关的政策文件、教学计划、培养方案等文本为直接材料，以师范教育实践过程中的课程设置、培养模式等具体方式和举措为间接材料，从中分析国家关于师范教育的实践路径及方式，明确国家主张的师范教育行动方向。

综上所述，本书搭建了如图 1.1 所示的师范教育价值取向分析框架。

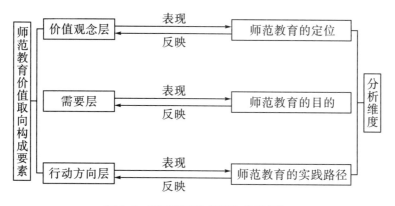

图 1.1 师范教育价值取向分析框架

第二章
师范教育价值取向的历史回顾
与分析透视

　　师范教育是孕育教育者的教育类型，是促进教育进步的重要力量，是实现个人全面发展、社会进步、国家富强和民族复兴的有力保障。本章旨在依照上一章提出的分析框架，对新中国成立后国家所秉持的师范教育价值取向进行分期回顾，分层总结其现实样态与特定格局，由此对既往师范教育价值取向在社会和个人之间的偏向做出基本判断。在此基础上，透视、归纳既往师范教育价值取向观念层、需要层与行动方向层呈现的主要不足，进而有针对性地找到优化重构的突破口。

一、师范教育价值取向的历史回顾

　　要深入研究我国师范教育价值取向，应首先对师范教育价值取向的发展历程进行回顾。本书结合社会的政治经济发展趋势、教育及师范教育改革调整、师范院校培养模式等相关因素，将1949年以来的中国师范教育划分为四个阶段：第一阶段是新中国成立后的社会主义改造及"一五"计划时期，师范教育处于"以苏为师"的急速发展期（1949—1957年）；第二阶段是从"大跃进"至改革开放前期，师范教育处于调整停滞期（1958—1977年）；第三阶段是从改革开放到师范教育新体系初步形成的恢复重建期（1978—1999年），随着国家以经济建设为中心，师范教育简政放权，从独立封闭走向混合开放；第四阶段是从素质教育的全面推行至今，师范教育进入了注重教师专业发展的转型提升期（2000年至今）。

　　需要特别指出两点：其一，要准确、客观地分析国家既往师范教育的价值取向，就应在历史分期的基础上，以社会重大改革调整、教育及师范教育政策文本、学校培养方案、具体培养模式为素材，并基于师范教育价值取向

的分析框架，探讨师范教育定位、目的以及实践路径，从而透视每一个阶段的师范教育价值取向之价值观念层、需要层和行动方向层，以完整呈现国家既往师范教育价值取向的特定格局。其二，不同层次师范教育的价值取向存在一定差异，考虑到中等师范院校已基本取消，为保持一致性，本书主要从高等师范教育范围取材，以总结师范教育价值取向。

（一）师范教育急速发展期——政治经济取向（1949—1957 年）

新中国成立之初，百废待兴。此时，社会急需大量有知识、有文化的劳动者及专业人才来推进各行业的恢复、发展以及稳定政局。而旧中国遗留下来的师范教育存在数量少、基础弱、质量差、层次低等问题，无法承担振兴教育发展的重任。为从根本上保证学校教育的良好运行，改造旧社会的师范教育体制，明确新中国师范院校的目的及制度，加大力度培养教师，是新中国成立初期师范教育的主要任务。

新中国成立后的社会主义改造及"一五"计划时期，是师范教育的急速发展期。基于特定历史条件，"教育要为国家建设服务，学校要向广大工农开门""教育为社会建设服务"是新中国成立初期教育事业的主旋律。师范教育作为教育的重要组成部分，也以文化普及、国防与经济建设为自身定位，凸显了以政治、经济因素为主导的价值观念。这一时期，师范教育以培养大量社会急需的具备奉献精神和学科知识的教师为目的，反映出国家在此阶段以培养服务于政治稳定、经济复苏的教师为根本需要。相应的，师范教育在具体教育教学过程中重视思想政治教育和学科知识传授，呈现出政治突出、知识本位的行动方向。

1. 以政治、经济因素为主导的价值观念

新中国成立初期，为保证新政权稳步发展，顺利推进社会主义工业化、社会主义改造，师范教育服务于政治、经济的定位在各类政策文本和"以苏为师"的改革措施中得到充分体现，凸显了此阶段师范教育价值取向之观念层以政治、经济为主导价值，以社会发展为根本旨归。

（1）教育政策对政治、经济的强调

新中国成立初期，各项事业正处于起步阶段，国家颁布的师范教育相关政策较少，作为教育的分支，其定位可从各类政策对教育宗旨、教育地位的阐述中来分析。1949 年中国人民政治协商会议通过的《中国人民政治协商会议共同纲领》（以下简称《共同纲领》）明确了新中国的教育宗旨："中华人民共和国的文化教育为新民主主义的，即民族的、科学的、大众的文化教育。人民政府的文化教育工作，应以提高人民文化水平，培养国家建设人才，肃清封建的、买办的、法西斯主义的思想，发展为人民服务的思想为主要任务。"①《共同纲领》确定了新中国教育的经济任务和政治任务，以及为人民大众服务的基本思想。换言之，这一阶段的教育主要以其对社会的作用或功能来表征自身价值。而后，同年召开的第一次全国教育工作会议进一步明确了"教育为工农服务，为生产建设服务"的定位，这直接将"教育与国家建设的需要密切联系起来，使教育有计划地配合生产建设，培养各种建设人才"②。1953 年政务院公布的《关于改进和发展高等师范教育的指示》指出了师范教育的定位及路径："发展和提高高等师范教育以适应国家建设的需要是当前教育建设中一个十分重要的任务。"③

　　新中国的师范教育正是和整个文化教育事业同步整顿、恢复，从而为国家社会主义改造和建设事业做出积极贡献。在这个历史阶段，教育及师范教育的政策主旨直指社会发展，具有历史合理性，但与此同时，也形成了一种依附外在价值的定位方式。如叶澜教授曾评述道，教育"为工农服务，为生产建设服务"这一方针"不仅是从内容上确定了教育为政治、经济服务的地位，而且从逻辑上确立了一种从领袖论述、政治理论中去找方向，从社会政治、经济实际状况中找任务来确立教育价值取向的思维模式"④。在此阶段，师范教育得到一定程度的重视，其本质是服务于政治、经济建设的一种工

---

　　① 何东昌. 中华人民共和国重要教育文献（1949—1975）［M］. 海口：海南出版社，1998：1.

　　② 叶澜. 试论当代中国教育价值取向之偏差［J］. 教育研究，1988（8）：63−68.

　　③ 李友芝，李春年，柳传欣，等. 中国近现代师范教育史资料（第 3 册）［M］. 北京：人民教育出版社，1983：947.

　　④ 叶澜. 试论当代中国教育价值取向之偏差［J］. 教育研究，1988（8）：63−68.

具，前者是手段，后者是目的。①

（2）师范教育随意识形态改变，全面开展"以苏为师"

新中国成立初期，基于我国政治意识形态的改变，教育全面仿苏成为特定历史时期的必然选择。正如毛泽东主席在《论人民民主专政》中所说："苏联共产党胜利了，在列宁和斯大林的领导之下，他们不但会革命，也会建设，他们已经建设起来了一个伟大的光辉灿烂的社会主义国家。苏联共产党就是我们最好的先生，我们必须向他们学习。"② 1953 年，高等教育部召开了第一次全国高等师范教育会议，对苏联教育，尤其是高等师范教育给予极大肯定，要求中国高等师范教育全面、系统地学习苏联。随之，师范教育开启了大调整，呈现出从学习美国到"以苏为师"的变革，其主要内容表现在以下两方面：

一方面，开展了师范教育体系及院系调整等改革。在"以苏为师"的大背景下，我国学习苏联的教育体制，进行了院系调整，要求设置独立封闭的师范教育体系，以统一管理、集中力量培养教师，实现普及教育、稳定社会的目的。1951 年 10 月，政务院《关于改革学制的决定》对各级学校学制做出了明确划分，确立了新中国教育系统的基本格局以及师范教育的基本架构。新学制将我国教育系统划分为幼儿教育、初等教育、中等教育、高等教育四部分。而师范教育作为普通教育的组成部分，分为两个层次。一是中等师范教育，即初级师范学校和中等师范学校等培养初等教育师资的师范教育层次。二是高等师范教育，即师范专科学校、师范学院和师范大学等培养中等学校师资的师范教育层次。这是新中国成立后首次以法令形式对师范院校的独立设置做出的规定。1951 年 8 月，教育部召开了新中国成立后的第一次全国师范教育会议，此次会议对师范院校独立设置的体系做出了系统规划，由此打破了我国自 1922 年"壬戌学制"后师范教育的开放体系，独立封闭的师范教育体系正式提上日程。随之，1952

---

① 刘庆龙. 新中国 70 年来师范教育的发展历程——基于师范教育内外部关系的视角［J］. 四川师范大学学报（社会科学版），2019（6）：90—98.

② 杨淑艳. 试析建国初期我党选择"苏联模式"的原因及背景［J］. 理论探讨，2005（2）：116—117.

年的院系调整提出削减综合大学，增加单科院校的指示，进一步加快了师范院校独立设置的进程。截止到1953年，我国师范院校均改为独立设置，政府的强化管理推动了师范教育的快速发展，缓解了新中国成立初期教育普及的需求与教师供应不足的矛盾，但同时也带来了师范教育学科知识面狭窄与培养模式单一等问题。

另一方面，掀起了学习苏联教育理论及经验的热潮。为彻底肃清西方资产阶级思想与实用主义倾向，根据《关于改革旧教育和学习苏联的指示》的精神，在与代表资产阶级思想的实用主义严格划清界限并对其中外代表人物进行批判的基础上，师范教育开启了全方位"以苏为师"的进程，包括学习苏联教育理论，聘请苏联专家直接参与教学，模仿苏联制定教学计划、大纲，翻译苏联教材等。以引进苏联教材为例，截至1957年底，我国共翻译出版苏联教育书籍360多种，1000余万册。[①] 其中，凯洛夫主编的《教育学》被认为是最适合高等师范院校的教材，我国教师几乎人手一本，此书影响了中国教育界近半个世纪。此外，冈察洛夫的《教育学原理》、叶希波夫和冈察洛夫主编的《教育学》等书籍也较为盛行。至此，新中国师范教育的理论和课堂教学走上了苏联模式，为建立规范、科学、系统的教师教育专业和课程内容体系提供了很好的模板。但过多依赖苏联经验，不利于师范院校学科建设和教学质量提升。[②]

总体而言，师范教育"以苏为师"的全面实施有助于中国师范教育的规范化、系统化发展，为新生的中华人民共和国的建设做出了重要贡献。但是，简单地给西方学术思想贴上资本主义标签，转而投入对苏联模式简单、直接的"嫁接"，在一定程度上脱离了师范教育发展的本土文化土壤和现实条件基础，以政治标准代替学术标准的变革逻辑体现出此阶段师范教育以政治为主导的价值定位。毋庸置疑，社会的政治因素理应是师范教育价值取向的影响因素之一，但也应该充分考虑并结合师范教育发展的自身规律及其内在诉求。

---

① 李涛. 借鉴与发展——中苏教育关系研究：1949—1976年［M］. 杭州：浙江教育出版社，2006：221.

② 胡艳. 当代教师教育问题研究［M］. 郑州：大象出版社，2010：137－149.

2. 以培养服务于政治稳定、经济复苏的教师为需要

新中国成立之初，为了稳定政局并加快社会工业化发展，国家急需大量具有较高政治素养的建设人才，这从客观上决定了教师素养的偏向。因此，这一时期师范生的培养主要关注两点，一是强调师范生具有较强政治素养与甘于奉献的精神，二是培养能够配合生产建设、具备学科专业知识的教师。显而易见，急速发展期的师范教育培养目标反映着国家以培养服务于政治稳定、经济复苏的教师队伍为需要。

（1）培养具有政治素养与奉献精神的教师

新中国成立初期，要求彻底清除帝国主义、封建主义，特别是西方资本主义价值观的影响，确立马克思主义在社会意识形态中的统帅地位。1951年，毛泽东在全国政协一届三次会议上的讲话中指出："思想改造，首先是各种知识分子的思想改造，是我国在各方面彻底地实现民主改革和逐步实行工业化的重要条件之一。"[①] 1951年9月下旬发起了知识分子的思想改造运动，此次运动以高校教师为起点，通过政治学习和讨论，以批判与自我批判、自我检讨的方式，对各级学校教师与知识分子进行爱国主义教育，以根除资产阶级思想。"满足国家的需要就是最大的自我实现，这是当时新政权对教师的价值期待，对于一个处于新旧交替之际的政权而言，没有什么是比稳定更重要的事情。"[②] 新中国成立初期的教师一腔热血，只讲责任，不问回报，普遍怀有极高的献身于教育事业的情怀，呈现出忠于党，甘愿为国家、为人民贡献一切的无私精神。

师范生作为教师"前身"，其培养目的也体现着这种爱国主义精神。1950年，教育部颁布的《北京师范大学暂行规程》（以下简称《规程》）是新中国成立后第一个高等教育方面的法令性文件，明确了北京师范大学培养中等教育的师资及教育行政干部和社会教育的任务。《规程》强调"这些师资和干部必须具有为人民服务的专业精神，掌握马列主义和毛泽东思想"[③]。

---

① 刘英杰. 中国教育大事典 1949—1990（上）[M]. 浙江：浙江教育出版社，1993：258.

② 于翠翠. 建国以来教师价值取向的历史变迁 [D]. 济南：山东师范大学，2016：68.

③ 何东昌. 中华人民共和国重要教育文献（1949—1975）[M]. 海口：海南出版社，1998：14—15.

1951 年，教育部召开的第一次全国教育会议提出："各级各类师范学校都应以马列主义、毛泽东思想为重要课程，使全国教师逐渐成为马克思主义者。"[①] 1952 年颁布的《关于高等师范学校的规定（草案）》规定了高等师范院校的任务为"培养具有马克思列宁主义与中国革命实际相结合的毛泽东思想的基础，高级文化与科学水平和教育的专门知识与技能，全心全意为人民教育事业服务的中等学校教师"[②]。

（2）培养学科知识型教师

新中国成立初期，各级各类教育基础薄弱、民众文盲率高，且教师紧缺。为尽快扭转教育上"一穷二白"的局面，政府对教育提出了新要求。1949 年召开的第一次全国教育工作会议指出："教育必须为国家建设服务，学校必须为工农开门""必须把教育工作的重点放在普及上面，培养各种建设人才""教育工作发展的方针是普及与提高的正确结合，在相当长的时间内以普及为主"。1952 年，教育部按照"以培养工业建设人才和师资为重点，发展专门学校，整顿和加强综合性大学"的方针，提出"及时培养供应各种建设事业（首先是工业）所必需的高、中级干部和技术人才"的任务。[③] 换言之，新中国成立初期的教育面临着两个任务：一是面向工农大众普及教育，开展识字运动并普及小学教育；二是培养社会主义建设人才。为了完成这两个任务，1952 年颁布了《关于高等师范学校的规定（草案）》，1954 年颁布了《关于〈师范学院暂行教学计划〉的几点说明》，明确了师范教育的具体目标，除政治要求外，师范生还应具备高级文化和科学水平，以及教育教学的专门知识和技能，重视理论联系实践。显然，新中国成立初期，国家围绕师范教育出台的相关政策是既具有前瞻性又符合社会实际需求的。

国家所持的师范教育目的不仅体现在通过相应政策直接提出的培养目标

① 何东昌. 中华人民共和国重要教育文献（1949—1975）[M]. 海口：海南出版社，1998：47.

② 中国教育年鉴编辑部. 中国教育年鉴（1949—1981）[M]. 北京：中国大百科全书出版社，1984：779.

③ 中共中央文献研究室. 建国以来重要文献选编（第 3 册）[M]. 北京：中央文献出版社，1992：346.

中，同时也体现在国家文化理念、改革调整及其他相关政策等方面。虽然师范教育政策提出的培养目标明确要求理论结合实践，但受国家传统理念的影响，学科知识型教师的目标诉求更为突出。首先，社会稳定之初，社会大众对知识的热情被再次唤醒，"知者为师""学高为师""学者必为良师"等传统观念潜移默化地影响着师范教育及社会大众对教师角色的认识，教师的知识水平仍被视为衡量教师质量最主要的标尺。其次，在全面效仿苏联教育模式的背景下，教育领域对于苏联教育理论，特别是凯洛夫"知识中心""课堂中心""教师中心"等教育思想高度认同，在一定程度上造成了师范教育对知识的绝对崇拜，强调知识传授。再次，为实现工业强国的目标，加快社会经济发展，我国走上了"精英教育"路线，注重对专业型建设人才的培养，这种格局决定了师范教育将专业知识授受放在师范生培养的首位，"为了建设社会主义和将来建设共产主义……未来的中等学校教师必须在他所专业的学科具有丰富的合乎现代科学水平的知识。这一部分在教学计划中占有最大比重"[①]。简言之，在多种因素的影响下，这一时期的师范教育对学科知识尤为重视。培养学科知识型教师是国家在此阶段对师范教育的真实诉求，也是师范教育政策所提出的培养目标的阶段化呈现。

综上所述，新中国成立初期的师范教育强调师范生的政治觉悟、奉献精神及学科知识，体现着国家以培养服务于政治稳定、经济发展的教师为核心需要。这种需要不仅有助于稳固新中国成立初期的政局，还极大缓解了国家经济发展与专业人才需求之间的矛盾。但也应该指出，此阶段在对奉献精神、政治素养的追求过程中，师范生的自我需求与人格成长未得到足够重视。与此同时，师范教育偏重学科知识的传授，也使教师职业的特殊性及师范生的主体性在一定程度上被忽视了。

3. 政治突出、知识本位的行动方向

急速发展期的师范教育为满足政治稳定、经济复苏的要求，以快速培养甘于奉献、全心全意为人民服务的学科知识型教师为主要任务。基于此，师

---

① 李友芝，李春年，柳传欣，等. 中国近现代师范教育史资料（第3册）[M]. 北京：人民教育出版社，1983：937.

范教育在这一时期的培养模式、课程设置也较为重视政治教育及学科课程的占比，呈现出以政治突出、知识本位为特征的行动方向。

（1）注重政治教育

1951年的全国师范教育会议与1952年的《师范学校暂行规程（草案）》提出政治课是培养教师的重要途径。为了保证政治课程教育实效，1950年的《关于改革北京师范大学的决定》、1952年的《师范学院教学计划（草案）》和1954年的《师范教育暂行规程》规定了政治课程应占全部课程的15%～16%。1952年，政治课程被列为公共必修课。1953年，教育部要求高等师范院校的政治系应在原有基础上加以充实和发展。至1954年，政治课程体系已较为全面，具体科目包括中国革命史、马克思列宁主义基础、政治经济学及辩证唯物主义与历史唯物论。

（2）重视学科课程

从政策上看，教育部门所制定的课程体系非常关注学科课程，其在所有课程中占比最大，教育类课程及教育实习也占有相当大的比例。例如1950年教育部颁布的《关于实施高等学校课程改革的决定》指出，各系具体的课程设置应在系统的理论和知识的基础上，实行适当的专门化。1952年的《师范学院教学计划（草案）》规定了师范教育四类课程的比重，其中学科课程占总课时的56.5%，教育类课程占总课时的27.5%。在教育类课程中，教育理论和教学法占14.5%，教育实习和见习占13%。1954年的《师范教育暂行规程》规定的学科课程与前期基本持平，适当删减教育学课程及教育实习课程。

如前所述，这一时期的师范教育受到多种因素影响，师范院校更加强调知识的权威性，重视专业知识的系统性学习，着力于学科基础理论课程的讲授，以满足师范生培养的知识需要。与之相对，实际开授的教育类课程较少，也少有师范院校设立教学法教研组。1954年的《师范教育暂行规程》压缩总课时后，部分师范院校以学科课程比重过小和学生学业负担过重为由，削减了教育类课程，简化了教育实习，使得教育类课程进一步让位于学科课程。不难看出，这一时期的师范教育实施过程与政策表述有些许偏差，但这种以学科课程为重心的师范教育是在国家意识形态及教育变革的引导之

下而形成的，有着更为深层的原因，是政策文本的阶段化表现。

　　总之，急速发展期的师范教育注重政治教育和学科知识的传授，师范教育价值取向行动层呈现出政治突出、知识本位的倾向。这在很大程度上解决了短期内教师紧缺的燃眉之急，有力支持了新中国成立初期的社会稳定和经济发展。当然，由于种种局限，这一时期专业知识的深度是有限的，课程科目涉及的范围也较为狭窄，通识课占比较少，对师范生的综合素养及教师职业的特殊性有所疏忽。

　　综上所述，新中国成立初期，师范教育的从属地位折射出以政治、经济为主导的师范教育价值观念。此阶段，师范教育以培养社会所需的奉献型、学科知识型教师为主要目的，反映了国家对服务于政治稳定、经济复苏的教师队伍的需要。从而，在师范教育实践路径中，以加强政治素养及学科知识培养为主要任务，师范教育价值取向行动方向层表现出鲜明的政治中心、知识本位倾向。从师范教育价值取向的价值观念层、需要层和行动方向层来看，新中国成立初期的师范教育凸显着政治经济取向，以社会诉求为其根本价值导向，这对社会主义改造具有积极意义，但在某种程度上弱化了教育发展的自身规律及师范生的主体价值。

（二）师范教育调整停滞期——政治取向（1958—1977 年）

　　1958—1977 年，师范教育处于调整停滞期。从 1958 年起，在"教育革命"思想风向影响下，师范院校无序拓展，脱离客观实际及教育规律，教育结构比例严重失调，教学质量急速下滑。同时，在"教育为无产阶级政治服务""教育与生产劳动结合"等政策方针引领下，师范院校大讲政治教育、大搞生产劳动，在教育教学过程中过多强调劳动，将师范生专业知识及能力的培养搁置一边。1966 年后，师范教育基本处于停滞状态，该阶段是中国师范教育破坏最为严重的时期，极左路线主宰着各级各类学校，影响了教育的普及和全民素质的提升。[①]

　　总体而言，该阶段的"师范教育一直随着政治意志和社会需求的变化而

---

① 胡艳. 当代教师教育问题研究［M］. 郑州：大象出版社，2010：112.

被动地调整。尽管'大跃进'和'文化大革命'并非社会发展的常态，却实实在在地掌控了师范教育内部的种种变化。从背后的动力来看，师范教育的每一次变化都源于外部政治意志的需要，而非教育的逻辑"①，显示了以政治为主导的价值观念。相应的，师范教育的目标从培养具有奉献精神的学科知识型教师调整为培养政治化、劳动化的无产阶级教师，深刻表明了此时期师范教育价值取向的需要层以培养服务于"无产阶级革命"的教师队伍为主要内容。实践层面，师范教育培养模式强调革命思想教育，大搞生产劳动，忽视专业教育，削弱师范性，以此改造思想、求同排异，其价值取向行动方向层反映出政治为上、劳动为先的倾向。综合价值观念层、需要层和行动方向层来看，这一时期的师范教育整体表现出较强的政治取向，并随之淹没在政治洪流之中，教育价值几被掩盖。

（三）师范教育恢复重建期——经济取向（1978—1999 年）

"文化大革命"结束后，经过真理标准问题大讨论，社会各界冲破了"两个凡是"等"左"倾思想的束缚，确立了解放思想、实事求是的指导路线。1978 年，党的十一届三中全会提出把党的工作重心转移到社会主义现代化建设上来，"以经济建设为中心"成为整个国家的行动指南。在此导向下，政府提出了"科学技术是第一生产力"的口号，强调发展科技与培养人才的基础在于教育，并确立了师范教育在教育事业中的"工作母机"地位，师范教育重新受到重视，进入恢复重建期。

具体而言，这一时期师范教育的发展又可以划分为两个阶段。从 1978 年到 1980 年代中期是师范教育的恢复期，其主要任务是拨乱反正，恢复、重建学校，封闭定向培养大量经济建设所需的师资，以解决教师队伍亟须补充、提升的问题。1980 年代中期至 1999 年是师范教育重建期，在"对内搞活、对外开放"的经济体制驱动下，教育体制做出了重大改革，强调简政放权，师范教育也随之进行了调整。1990 年代末，混合开放的师范教育体系

---

①　刘庆龙. 新中国 70 年来师范教育的发展历程——基于师范教育内外部关系的视角 [J]. 四川师范大学学报（社会科学版），2019（6）：90—98.

成就完整的人
——师范教育价值取向发展研究

初步形成。

在此阶段，人文思潮复兴，学界展开了教育本质大讨论，"人"的价值也崭露头角，为教育观的转变奠定了基础。不过，在"以经济建设为中心"的理念引导下，师范教育相关调整改革从根本上来说并非完全基于"人"的发展诉求，而是作为经济建设"配套"措施被要求和被推动的，其价值取向观念层呈现出经济主导倾向。此阶段，恢复初期的师范教育强调"拨乱反正"，以培养基础知识型教师为目标。1980 年代中后期，"效率优先"的原则深入人心，师范教育侧重于技能型教师的培养，反映了师范教育价值取向需要层转向以培养服务于经济发展的教师队伍为主要内容。在师范教育价值取向的价值观念层、需要层向经济发展偏移时，师范教育在培养过程中强调师范生技能训练，呈现出知识中心、技能导向的行动方向。

1. 以经济因素为主导的价值观念

随着改革开放的持续深入，社会结构不断变迁，对外开放力度逐渐加大，在"以经济建设为中心"的改革背景下，师范教育服务于经济建设的定位从教育类政策的强调、师范教育体系的调整及师范院校自身办学行为的经济化倾向中显现出来，折射出这一时期师范教育价值取向之观念层的变化。

（1）教育政策对经济的重视

改革开放初期，国家对师范教育的重视程度日益加强。1980 年 6 月，教育部召开第四次全国师范教育工作会议，确立了师范教育在教育事业中的"工作母机"地位。此后，1985 年 5 月的《中共中央关于教育体制改革的决定》、1986 年 3 月的《关于加强和发展师范教育的意见》、1986 年 4 月的《中华人民共和国义务教育法（草案）》及 1987 年在北京召开的高师教育改革座谈会等都强调师范教育在教育事业中的战略地位，指出建立一支数量足够、质量合格、结构合理并相对稳定的师资队伍是实施义务教育、提高基础教育水平的关键所在。

毫无疑问，此时社会对师范教育的重视离不开对师范教育内在价值的逐步认可，而更为关键的原因则是师范教育间接或直接的经济功能。改革开放初期，包括教育在内的整个社会事业均以经济建设为中心。教育部在《关于加强和发展师范教育的意见》《关于师范教育的几个问题的请示报告》等文件中明确指出：大力发展和办好师范教育，以满足、适应社会主义革命和建设的需要。开启社会主义市场经济体制建设后，1994 年教育部召开"全国师范专科学校面向农村，深化改革座谈会"，进一步明确"为适应社会主义市场经济体制的需要，师范院校在保证完成师资培养任务的前提下，要面向社会，为各地社会发展和经济建设服务"[①]。师范教育的这一定位直观反映了师范教育价值取向之观念层受经济因素所主导的格局。

（2）师范教育体系随经济改革而调整

在"以经济建设为中心"的改革背景下，师范教育进行了适当调整，以配合经济体制改革，主要表现为师范教育的简政放权，师范教育体系由独立封闭向混合开放转型。

1984 年，党的十二届三中全会通过《中共中央关于经济体制改革的决定》。1985 年，中共中央发布《关于教育体制改革的决定》，拉开了教育体制调整的序幕。该决定要求设置与"以经济建设为中心"一致的新教育方针，教育必须为社会主义建设服务，从与经济体制改革相适切的教育体制调整入手，加强宏观调控，简政放权，扩大高等学校的办学自主权，改革同社会主义现代化不相适应的教育结构、教学内容、方法及制度。

与之相配合，师范教育体系逐步开放。尽管改革开放初期，政府主张恢复独立封闭的师范教育体系，以集中力量填补教师缺口，但是随着经济改革的深入，师范教育政策也逐渐放开，表现为从封闭独立到对以师范教育为主、非师范院校协同培养的混合开放的教育体系建设的尝试。1986 年《关于基础教育师资和师范教育规划的意见》提出综合性大学和有条件的其他高等院校要把为中等教育培养师资作为重要任务之一，中学教师的来源要多样化，要把师范学校、普通综合院校统筹考虑，满足教育发展的需要。[②] 至此，我国开放性的师范教育体系改革开始萌芽。1990 年全国师范专科学校工作会议发布的《关于当前师范专科学校工作的几点意见》中提出，"在兼

---

① 国家教育委员会办公厅. 全国师范专科学校面向农村，深化改革座谈会纪要 [N]. 国家教育委员会政报，1994-1-14 (1).

② 苏林，张贵新. 中国师范教育十五年 [M]. 长春：东北师范大学出版社，1996：18-21.

顾初中教师培养、培训和地方经济建设人才培养的前提下，组织师范专科学校、教育学院、地方短期大学实行多形式的联合办学，发挥有限财力的综合效益"[①]。这是国家首次允许办学条件有限的师范院校改制，此举促进不少师范院校走向综合化道路。

1992年，党的十四大提出了建立社会主义市场经济体制的目标。教育部门紧随其后予以响应，1993年的《国家关于加快改革和积极发展普通高等教育的意见》及《中国教育改革和发展纲要》均重申"必须坚持教育为社会主义现代化建设服务""自觉地服从和服务于经济建设这个中心，促进社会的全面进步"，并明确提出扩大学校办学自主权、改革学校运作和管理体制的要求，这为师范院校的开放化提供了政策上的支持。1994、1995年的相关政策首次明确允许师范专科、本科学校开设非师范专业，师范大学开办非师范专业现象由此变得普遍。1996年的《关于师范教育改革和发展的若干意见》正式提出以独立设置的师范院校为主体、非师范院校协同培养师资的意见，标志着我国师范教育体系正式向开放化转型。1999年的《关于师范院校布局结构调整的几点意见》及《中共中央国务院关于深化教育改革全面推进素质教育的决定》再次号召师范教育资源重组，鼓励综合性非师范类高校参与教师培养工作。至此，在以上政策推动下，以师范院校为主、综合性大学师范教育专业为辅的多元化混合开放型师范教育体系基本成形，从侧面推动并配合着开放化的经济体制改革进程。

师范教育体系改革使师范教育获得一定自主权，为其发展注入了新的活力。但从政策颁布的时代背景及具体内容可以看出，师范教育的改革逻辑从某种程度上而言是服务于经济建设"开放化"而做出的配套改革调整，凸显着师范教育的经济依附性，揭示了师范教育价值取向的主导观念仍然受制于外界因素的"思维定式"。

（3）师范院校办学行为的经济化倾向

"以经济建设为中心"的改革逐步改变了社会观念与社会行为方式，打破了平均主义思想，倡导竞争、差异及效率。在此背景下，师范教育一度出

① 中国教育年鉴编辑部. 中国教育年鉴［M］. 北京：人民教育出版社，1992：909.

现了过度重视教育经济效益的现象，主要表现为师范院校的主动合并升格和介入自主创收活动。

具体而言，1980 年代中后期，为了取得与非师范类大学同样的"待遇"，不少师范院校主动合并升格为综合性院校或开办非师范专业。此阶段的不少转型存在盲目性，一些师范院校在教学质量、软硬件配备上无法达到升级或综合化标准，形式化、表面化的转型调整反而影响了师范教育的质量。例如，1991 年北京师范大学将其培养目标改成为国家培养师资、科研人员、理论工作者、实践工作者和干部，特别强调发展多学科优势，投入经济主战场，直接参与社会主义现代化建设，为促进经济发展和社会发展服务。①

此外，1980 年代末，随着经济体制改革观念深入人心，部分师范院校不同程度地介入自主创收活动中。一些师范学校积极开展有偿社会服务和经济创收的尝试，主要途径是联合办学、转让科研成果、开展科技咨询服务与校办工厂。在国家鼓励性政策的驱动下，不少教师也参与下海经商。

此阶段的转型及自主创收活动是在"以经济建设为中心"的理念及相关政策的助力之下，为了获取与综合性院校同等的优先发展条件或为实现经济创收而做的改革调整。从教育服务于经济建设，发挥师范教育社会功能来看，这些转型和经济化倾向无疑有其积极意义。但也应看到，过度的"经济化"主导观念也制约了师范教育本真价值的彰显。

2. 以培养服务于经济发展的教师为需要

改革开放初期，我国教育基础薄弱、教育人才短缺、教育资源匮乏。因此，恢复期的师范教育所面临的首要任务是快速提升教师队伍数量及质量，即以培养基础知识型教师为主要目的。进入重建期，在"以经济建设为中心"及"效率优先"观念的引导下，为配合经济发展，师范教育以培养技能型教师为主要任务。从师范教育培养目标可以看出，恢复重建期的师范教育价值取向需要层的明显特征就在于以培养服务于经济发展的教师队伍为核心指向。

---

① 胡艳. 当代教师教育问题研究［M］. 郑州：大象出版社，2010：36.

（1）培养基础知识型教师

在改革开放的大背景下，邓小平提出"靠空讲不能实现现代化，必须有知识，有人才"，要"尊重知识，尊重人才"，高度肯定了人才和知识的价值。这让在"文化大革命"中备受压抑的知识分子重新燃起对知识的渴望与热爱，并坚信"知识就是力量""知识改变命运"。"教师的知识水平与学生的学习成绩呈正相关，教师的知识水平越高，教学效果就会越好。当时比较流行的观点认为，只有首先具备了雄厚的知识基础，才能有条件去研究教学方法。"[①] 在这样的背景下，1978 年至 1980 年代中期，师范教育强调对"知识含量"的扩充，以培养基础知识型教师、相关教育研究者及管理者为主要目的。

这一时期教育部门所提出的师范教育培养目标和要求比较全面，除政治素养外，也涉及基础理论、基本知识、基本技能、学科新成就以及解决问题的能力。[②] 不过，限于多种因素，教育部门颁布的教学计划的具体内容却较少对技能或能力做出明确规定或说明，而是更强调包括学科知识、科学文化知识在内的理论性、基础性知识的重要性及其在课程安排中的占比。比如《关于加强高等师范学校师资队伍建设的意见》指出，"'文化大革命'期间，许多教师原有的知识荒废了，新的学科知识没有学，青年教师约有 2/3 的人需要补充基础知识。"[③]《关于修订高等教育师范院校四年制本科文科三个专业教学计划的说明》规定教育课程占 5%，专业课程占 65%，强调专业课时间必须予以充分保证，在学生学好基础课的前提下可开设选修课，其目的在于扩大学生的知识领域，提高学生的文化科学知识水平和独立工作能力。

（2）培养技能型教师

1980 年代中期以后，社会发展对教育质量有了进一步要求，教师教学

---

① 于翠翠. 建国以来教师价值取向的历史变迁 [D]. 济南：山东师范大学，2016：116.
② 李友芝，李春年，柳传欣，等. 中国近现代师范教育史资料（第 3 册）[M]. 北京：人民教育出版社，1983：1194.
③ 李友芝，李春年，柳传欣，等. 中国近现代师范教育史资料（第 3 册）[M]. 北京：人民教育出版社，1983：1181.

水平进一步受到重视。此时，师范教育政策强调"建设一支有足够数量、合格而稳定的教师队伍"①。在相关政策中，"质量"一词出现频率增高，具体表现为对师范生知识、技能、能力的关注。

随着"以经济建设为中心"的价值旨归深入人心，在"效率优先""学以致用"等观念的引导下，为配合经济发展、追求效率，技能培养被视为师范教育重中之重，强调教学基础方法或基本技艺训练。1986年《关于加强和发展师范教育的意见》及1987年《高师工作座谈会会议纪要》等文件要求加强教学的针对性及基本功训练，从学抓起，在平时的严格训练中提升组织管理能力、口头表达能力、文字和书写能力，讲求实际效果。后期，为了提升师范生的技能水平，教育部门专门颁布了《高等师范学校学生的教师职业训练基本要求（试行稿）》，以及在此基础上更加细化和规范化的《高等师范学校学生的教师职业技能训练大纲（试行稿）》。继而，师范院校开始强化技能训练，以培养能够高效传授知识的技能型教师为主要目的。在很长一段时间内，基础性教学技能训练成为师范生培养的重点，"三字一话"成为优秀教师评判标准。

此阶段，思想解放和经济发展催生了一些新观念，为完整的"人"的价值认定奠定了一定基础。在师范教育领域，教师的内涵式发展开始萌芽。为配合经济发展、提高效率，师范教育转向以技能型教师为培养目标，充分体现了该时期国家以培养服务于经济发展的教师队伍为需要。然而其培养目标更多关注教学基础方法或基本技艺训练，对师范生教学能力、内在精神及整体人格的培养较少涉及。

3. 知识中心、技能导向的行动方向

在"以经济建设为中心"的价值观念引导下，"效率优先"成为大众所接受的主流价值标准。这一时期的师范教育也倾向于通过提升教学技能来提高工作效率，在培养模式上除了对知识型课程的一贯偏好外，最大特点则表现为对技能训练的强化，其价值取向的行动方向层呈现出知识中心、技能导向的特征。

---

① 苏林，张贵新. 中国师范教育十五年［M］. 长春：东北师范大学出版社，1996：23.

（1）强调基础课程

1978 年，我国教育开始全面整顿恢复工作。1978 年至 1980 年代中期是师范教育的恢复期，这一阶段重学术轻师范的观点尚未发生明显变化，课程政策强调以学科专业及基础理论课程为主，公共类和教育类课程为辅。

例如，1981 年教育部制订的教育专科教学计划表明，学科专业课为 1400 学时，占总课时 70％以上，教育类课程包括教育学、心理学两门，仅占总课时 5％，本科师范教育专业的课时比重与之相似。[①] 1981 年 4 月，教育部门颁布了高师四年制本科汉语言、历史、政治教育三个专业的教学计划，提出课程设置的原则为"加强基础理论、基本知识的教学和基本技能的训练，突出'主干'课程"。其中，政治理论课占 15％；外语课占 10％；教育类课程开设心理学、教育学、中学教材教法，共占 5％；体育占 5％；专业课占 65％，其中选修课占 15％，其目的是扩大学生的知识领域，要求选修课内容不宜过窄。尽管课程设置原则对基本技能训练有所要求，但教学计划的具体课程安排中并未提及，对教学方法、教学能力的关注仍显不足。可见，这一时期师范教育实践路径着重于对师资的恢复，强调基础理论课程，而教育类课程内容较窄、适切度不足，对实践的重视仍待加强。

（2）强化技能训练

1980 年代中后期，我国师范教育进入重建期。这一时期师范教育课程在增加学科知识广度的基础上强化了师范技能训练。一方面，注重学科课程的广度，增加选修课、专业拓展性课程。例如，1989 年的《高等学校教育系专业改革意见》要求增加自然学科、社会学科和人文学科内容。再如，东北师范大学调整了课程设置：公共课占 30％，除必修课外还开设文学、艺术、外语、体育等多方面选修课；专业课占 60％，并不断增加反映现代科学和文理交叉的课程；教育类课程占 10％。[②] 另一方面，加强教学技能训练。1992 年，国家教委颁布了《高等师范学校学生的教师职业技能训练基本要求（试行稿）》，把普通话和口语表达技能、书写规范和书面表达技能、

① 胡建华. 论改革我国高师的"学科本位课程"[J]. 高等师范教育研究，1989：33－37.
② 曾煜. 中国教师教育史 [M]. 北京：商务印书馆，2016：409.

教学工作技能、班主任工作技能等教学技能列为高等师范生必修内容，并对职业训练的每个部分的内容提出了明确的训练目的、训练内容、训练建议和考核要求。紧接着，1994 年的《高等师范学校学生的教师职业技能训练大纲（试行稿）》对技能训练作出更为具体、细致的要求。1995 年国家教委颁布了《高等师范专科教育二三年级教学方案》，其中教育类课程占 15％，学科课程占 40％～50％，较大幅度压缩了学科课程，增加了教育类课程以及教师职业技能训练课。这一时期，师范教育在具体实施中尤为重视技能训练，强调在专门的技能训练课程及教育类课程、实习中进行规范化的教学技能练习。同时，国家级、省级、市级、校级等各类教学技能大赛极为盛行，赛事频繁，师范生均以获得技能大赛奖项为荣。

恢复发展期的师范教育实践十分强调师范生的教学技能训练，体现着师范教育价值取向行动方向层技能导向的特点。技能导向的改革反映了业界对教师职业专业性的逐渐认同。不过，技能导向模式也有其弊端，即在既定的程序和固化的步骤中消解了师范生的主体性和能动性。

综上所述，随着社会诉求的转变，各行各业皆以经济建设为中心，师范教育也遵从以经济为主导的师范教育价值观。师范教育在这一时期强调效率优先，在致力于打造技能型教师的过程中，体现出该阶段以培养服务于经济发展的教师队伍为核心需要。实践上，除了对知识型课程的一贯偏好外，尤为重视教师教学基本功的训练，呈现出知识中心、技能导向的行动方向。换言之，师范教育在这一时期整体来说主要是遵从经济取向的。较好地平衡了社会政治与经济因素的价值秩序。其次，"以经济建设为中心"的行为指南促使整个社会更加包容、多元、开放，这为师范教育的观念、模式、体系的调整注入了新鲜血液。然而，这一阶段的改革并非以促进师范教育内涵式发展为核心目的，而是将师范教育作为经济建设的助力，并以经济的目的和规律来定位师范教育，强调师范教育发展与市场需求的匹配，其价值取向仍受自身以外的社会力量约束，人的主体性和能动性彰显仍不足。

（四）师范教育转型提升期——教师专业发展取向（2000 年至今）

随着后现代主义思潮的迭起，跨学科研究逐渐兴起并发展，学科界限越来越模糊，围绕教育本质的讨论再次呈现出繁荣与激烈的态势。与此同时，我国经济改革更加深入，对外开放持续扩大，经济的兴盛促进着思想和学术愈发活跃。在此背景下，社会观念逐步开放，"人"的主体价值也进一步得到认可。

在此氛围下，世纪之交，以混合开放的师范教育体系基本成型以及素质教育的全面推进为标志，师范教育进入转型提升期。进入 21 世纪后，素质教育的推进，社会主义核心价值观的提出，教师专业化、终身化理念的兴起，师范教育一体化、综合化改革的开展，体现着师范教育全新的内涵式发展的定位，以"人"为主导的价值观念逐渐凸显。由此，师范教育培养目标调整为师范生专业素养优化，反映着国家以培养专业型教师队伍为需要的转变。师范教育在教育教学过程中，强调师德教育以及教学能力生成，呈现出师德为要、实践本位的行动方向。

1. 偏向于以"人"为主导的价值观念

随着社会文明的发展与科学技术的进步，"人"不再屈身于外物。尤其是在素质教育的全面推进及社会主义核心价值观提出后，"人"自身的价值进一步受到尊重，这推动着师范教育中教师专业化、终身化理念的兴起，以及综合化、一体化改革的有序进行。这些事实表明，师范教育开始关注并着手于自身内在质量的优化，内涵式发展的定位反映着师范教育价值取向观念层已进一步触及"人"的主体立场。

（1）社会观念对"人"的关注

随着改革开放的逐步深入，尽管工具理性与价值理性的关系开始缓解，但是历史遗存下来的社会主导的惯性依然存在。从师范教育现实运行状态来看，工具性问题尚存。一方面，20 世纪 90 年代中后期，在社会主义市场经济推动下，部分师范院校引入社会资本办学并由此开启了教育产业化发展的模式，导致其价值取向偏离了教育本质。直至科学发展观提出后，这一现象才逐步得到更正。另一方面，在片面理解"效率优先"的基础上，形成了一种以追求升学、应考为教育唯一目的的倾向。由此，师范教育开始顺应应试教育之需，忽略了"人"的全面发展。为了改变这一现象，新世纪，教育部门大力推进素质教育，强调人的全面发展。党的十八大后，高扬社会主义核心价值观，进一步突显了"人"的地位和价值。

①素质教育的全面推进。

原国家教委副主任柳斌曾指出："我们国家要走向现代化，如果说有障碍的话，最大的障碍，不是资源问题，不是资金问题，甚至也不是技术和设备问题，而是十几亿人口的素质问题。"[1] 随着经济与科技竞争的日趋激烈，世纪之交的教育改革重心转移到对人才素质的培养上。

其实素质教育思想早在 20 世纪 80 年代就已被提及，一些教育政策零碎分散地强调了提高学生素质的重要性。直到 90 年代后期，应试教育的弊端与新时代人才需求的矛盾愈演愈烈，提高国民素质的呼声日益高涨，国家由此出台了一系列正式文件对素质教育做出明确要求。20 世纪末、21 世纪初，素质教育进入了大力推进的深化时期。

1997 年《关于当前积极推进中小学实施素质教育的若干意见》对素质教育这项国家教育方针做出明确规定：第一，素质教育的基本宗旨是着眼于受教育者及社会长远发展的要求，面向全体学生，全面提高学生的基本素质；第二，素质教育的培养目标是培养受教育者的态度、能力，促进他们在德智体等方面生动、活泼、主动发展。[2] 1999 年 6 月，《中共中央国务院关于深化教育改革全面推进素质教育的决定》确定了素质教育的地位，正式要求实施素质教育，提高国民素质和培养学生创新精神与实践能力[3]。至此，素质教育进入了全面推进的新时期，并受到各级学校的重视，教育中"人"的立场被肯定。与之相适应，2001 年基础教育课程体制改革确立了"为了每位学生的发展"的核心价值理念，明确了教学中应关注学生知识与技能、

---

① 柳斌. 关于素质教育问题的思考［J］. 人民教育，1995（Z1）：8－11.

② 国家教育委员会. 关于当前积极推进中小学实施素质教育的若干意见［EB/OL］.（1997－10－29）［2023－5－20］. http://www. chce. org. cn/News _ info. asp?ID=2688.

③ 中共中央国务院关于深化教育改革全面推进素质教育的决定［EB/OL］.（1999－6－13）［2023－5－20］. http://old. moe. gov. cn//publicfiles/business/htmlfiles/moe/moe _ 177/200407/2478. html.

过程与方法、情感态度与价值观三个维度的发展目标，要求课程要面向每一位学生，着眼于学生全面、和谐发展。素质教育与课程改革不仅关注到了作为群体的人的整体素质，还强调了作为个体的人的知识、能力、情感和人性，体现着教育从关注群体的、抽象的人到关注个体的、具体的人的转变。

素质教育旨在造就具有渊博知识、良好创新能力、高尚人格、和谐发展的人，其全面实施必然推进师范教育的内涵式发展。在此背景下，转型提升期的师范教育尤为重视师范生的素养提升，以培养师范生丰富的基础知识、扎实的学科知识、精湛的教育能力及专业的研究能力为主要任务。1999年3月，教育部印发的《关于师范院校布局结构调整的几点意见》提出：“跨世纪的师范教育必须深化改革，为21世纪的基础教育培养高质量、高素质、高水平的教师，为基础教育的振兴提供有力的人才和知识支持。”[①] 2011年出台的《教师教育课程标准（试行）》明确规定将师范生培养质量作为衡量有关高校办学水平的重要指标，并提出提升师范生质量的课程新指向。

②社会主义核心价值观的提出。

党的十八大提出加强社会主义核心价值体系建设，倡导自由、平等、公正、法治，反映了对“人”的肯定。其中，“自由”是平等的价值追求和目标。“社会主义核心价值观中的‘自由’，有着科学丰富的内涵，作为一种价值取向，它是多数人的、实质性的自由；作为一种价值目标，它旨在达到一种自在和谐的社会状态——人民能广泛地享有和使用权利，并获得能力和个性的解放；作为一种理想信念，它既是指‘自由王国’的建立，也是指‘每个人自由而全面的发展’。”[②] “平等”是人类文明进步的重要价值标准，是自由前提下人性的显现，表现为人在政治、经济、文化等各方面享有同等的权利，体现着个人生命特征的不可剥夺性，只有在每个人生命特征充分实现下才能实现社会的和谐。“公正”即公平和正义，强调每个人平等地选择相

---

① 教育部. 关于印发《关于师范院校布局结构调整的几点意见》［EB/OL］.（1999-3-16）［2023-5-20］. http://www.moe.gov.cn/srcsite/A10/s7058/199903/t19990316_162694.html.

② 张苗苗. 社会主义核心价值观内容解读之“自由”［J］. 思想政治教育研究，2015（1）：44-46.

应权利的同时，每个人差异化选择的自由也受到尊重。"法治"是政治文明发展到一定历史阶段的标志，是实现自由、平等、公正的可靠保证，强调禁止法外特权，是人民当家作主的法律形式表现。

社会主义核心价值观的提出促进着师范教育的内涵式发展，为师范教育价值取向观念层的转变提供了思路和依据。2012 年国务院印发的《国务院关于加强教师队伍建设的意见》要求"到 2020 年，形成一支师德高尚、业务精湛、结构合理、充满活力的高素质专业化教师队伍"①。2018 年，教育部等五部门联合发布的《教师教育振兴行动计划（2018—2022 年）》强调，"培养造就一批教育情怀深厚、专业基础扎实、勇于创新教学、善于综合育人和具有终身学习发展能力的高素质专业化创新型中小学教师"②，以实现"到 2035 年，师范生的综合素质、专业化水平和创新能力显著提升，为培养造就数以百万计的骨干教师、数以十万计的卓越教师、数以万计的教育家型教师奠定坚实基础"③ 的目标。

从素质教育的推进到社会主义核心价值观的提出，无不说明教育乃至整个社会观念中工具理性与价值理性矛盾关系的缓解。从而，师范教育减少了对经济的依附，更加关注师资质量，并迈向了教育教学专业领域内的质量优化阶段。师范教育内涵式发展的定位意味着师范教育价值取向观念层中"人"的地位的凸显。

（2）师范教育专业化、终身化理念的兴起

这一时期，在社会观念转型的推动下，为提升教师专业素养及师范教育质量，师范教育领域中教师专业化、终身化的理念逐渐兴起并得到大力推广。

---

① 国务院关于加强教师队伍建设的意见［EB/OL］．（2012－9－7）［2023－5－20］．http://www.gov.cn/zwgk/2012－09/07/content _ 2218778. htm.

② 教育部，国家发展改革委，财政部，等．教师教育振兴行动计划（2018—2022 年）［EB/OL］．（2018－3－22）　［2023－5－20］．http://www. moe. gov. cn/srcsite/A10/s7034/201803/t20180323 _ 331063. html.

③ 教育部，国家发展改革委，财政部，等．教师教育振兴行动计划（2018—2022 年）［EB/OL］．（2018－3－22）　［2023－5－20］．http://www. moe. gov. cn/srcsite/A10/s7034/201803/t20180323 _ 331063. html.

①专业化。

教师专业化概念始于20世纪60年代。1996年，国际劳工组织和联合国教科文组织指出教师是一种专业性职业，强调教师需要特殊的专业知识、专业能力及较高的职业道德。"这种职业是一种要求教师具备经过严格而持续不断的研究才能获得并维持专业知识及专门技能的公共业务。"① 随之，各国开启了以教师专业化为目标的师范教育改革征程。

我国学术界早在20世纪80年代就对教师专业化这一理念进行了研究，但是影响甚微。直到90年代中后期，教育对师资质量的要求逐渐提高，客观上促进并加快了我国教师专业化进程。1993年的《中华人民共和国教师法》首次明确了教师职业的专业属性为"教师是履行教育教学职责的专业人员"。随后，国家又从法规、制度层面保证教师专业化的落实，如1995年的《教师资格条例》和2000年《教师资格条例实施办法》均对教师资格证书制度进行完善，体现着教师专业化的不断发展。

进入21世纪，教师专业化理念被普遍接受。2010年《国家中长期教育改革和发展规划纲要（2010—2020年）》、2012年《关于深化教师教育改革的意见》等文件要求推进教师教育内涵式发展，造就一支师德高尚、业务精湛、结构合理、充满活力的高素质专业化教师队伍。随着教师专业化理念的深化和拓展，国家先后出台了一系列教师专业标准，如《幼儿园教师专业标准（试行）2012》《小学教师专业标准（试行）2012》《中学教师专业标准（试行）2012》等，这些标准以师德为先、学生为本、能力为重、终身学习为基本理念，以专业理念与师德、专业知识、专业能力为基本维度，为不同层次的教育设定了教师素养的具体内容。教师专业标准的制定与实施，体现着国家对教师及师范生质量提升的要求，教师专业标准既是教师专业发展的目标，也是师范专业人才培养的指南，对我国师范教育改革产生了广泛且深刻的影响，指引着师范教育的培养趋势和方向。

---

① 日本筑波大学教育学研究会. 现代教育学基础［M］. 钟启泉，译. 上海：上海教育出版社，1986：443.

②终身化。

1972年联合国教科文组织国际教育委员会出版的《学会生存——教育世界的今天和明天》第一次提出了终身教育的观点。终身教育是以促进人的全面发展与人的完善为目的，纵向贯穿人生各阶段，横向融合人的思想、能力、行为、个性各方面，是人自发的、主动的、持续的、终身的、全面的教育过程，是当代各国均认可的主流教育思想。

在我国改革开放之初，终身教育理念就被学界所关注。然而在实践层面，我国在20世纪90年代之前，师范教育与在职培训仍是两个互不干涉的独立部分，在职培训仅仅作为师范教育的补充而存在。改革开放初期，以师范速成班与进修班为主要形式的在职培训是以数量扩张为目的，而到20世纪80年代后期则以学历补偿为目的。随着知识经济时代的到来，终身教育理念逐渐兴起。20世纪90年代，终身教育进入立法化的推进阶段。1995年，终身教育被写进《中华人民共和国教育法》。1999年1月国务院颁布的《面向21世纪教育振兴行动计划》提出：到2010年基本建立起终身学习体系。跨入新世纪以后，终身教育理念被更大范围地推广，并渗透至师范教育领域。2001年，我国首次正式以"教师教育"代替"师范教育"，致力于教师职前培养与职后培训的有机衔接。终身教育的理念结束了师范教育与在职培训相互割裂、各自为政的局面，它强调二者是有机衔接、不可分割的完整过程，是融专业知识、专业能力、专业情感、专业伦理于一体的教育过程。终身化理念推动着师范生、教师素质的持续提升。

教师专业化、终身化理念的兴起及盛行，充分表明师范教育自身质量提升与优化的发展诉求受到关注。此阶段的师范教育已不再简单地以社会发展工具的形式而存在，其内在的、根本的育人价值与意义也在逐渐显现，深刻说明师范教育价值取向之观念层从社会主导向"人"的主导转向。

（3）师范教育的综合化、一体化改革

进入21世纪，社会更加开放化、多元化、人文化，师范教育专业化、终身化等理念进一步普及。同时，随着混合开放的师范教育新体系以及师范教育一体化改革制度的正式提出，师范教育开启了综合化、一体化等一系列内涵式发展改革，以优化教师专业素养，推动师范教育发展。

①师范院校的综合化改革。

教师的培养制度逐渐放开后，综合性大学通过合并、新设的方式建立教育学院、师范学院或师范专业来参与师范生培养工作。与此同时，不少传统师范院校积极主动探索新的发展路径，通过开办非师范专业，或者升级、合并、重组等方式走向了综合化道路。其实，我国早在 20 世纪 80 年代后期就出现过师范院校向综合性大学转型的热潮，但当时的转型存在一定的盲目性。而新世纪政策的明确引导与实际需求的召唤，确保了此阶段师范院校综合化改革合理、有序地开展。2001 年 6 月，北京师范大学通过了未来 15 年的发展目标和发展规划纲要，要求到 2015 年，把北京师范大学重建成为综合性、有特色、研究性的世界知名高水平大学。西南师范大学于 2005 年与西南农业大学组建成为西南大学，完成了综合性大学的转型。至 2006 年，6 所部属师范大学的师范专业仅占全专业体系的 33.7%，成为实际意义上的综合性院校。尽管在师范院校综合化趋势下，不可避免地存在弱化师范性、模糊定位等问题，但毋庸置疑的是，这也激发了师范院校的办学活力与积极性，有效规避了因师范院校与普通院校割裂而导致的学术水平低、知识面窄、适应力差等问题。

②师范教育的一体化改革。

随着社会发展对教师素养的要求不断提高，师范生职前培养与教师在职培训逐步衔接，形成了一体化的教师教育新体系。2001 年国务院颁布的《关于基础教育改革与发展的决定》首次以"教师教育"替代"师范教育"。2002 年教育部颁布了《教育部关于"十五"期间教师教育改革与发展的意见》，提出"在终身教育思想指导下，按照教师专业发展的不同阶段，对教师的职前培养和在职培训一体化"，建立"以现有师范院校为主体、其他高等学校共同参与，培养与培训相衔接，体现终身教育思想的、开放的教师教育体系"[①]。2003 年颁发的《2003—2007 年教育振兴行动计划》具体阐述了构建教师教育体系的思路："构建以师范大学和其他举办教师教育的高水平

---

① 教育部关于"十五"期间教师教育改革与发展的意见［EB/OL］．（2002-3-1）［2023-5-21］．http://www.moe.gov.cn/srcsite/A10/s7058/200203/t20020301_162696.html.

大学为先导，专科、本科、研究生三个层次协调发展，职前职后教育相互沟通，学历与非学历教育并举，促进教师专业发展和终身学习的现代教师教育体系。"① 我国师范生与教师的培养体系一体化的成功转型，标志着统合学历教育与非学历教育、沟通职前教育与在职培训的一体化制度的形成，有利于教师职业素养的持续性发展。

尽管现阶段对于师范教育综合化、一体化等"开放式"的调整，特别是对综合化改革还存在一些争议，但总的来说，这种变革相对于前期封闭化、断裂式的教育格局而言，无疑激发了师范教育体系的活力，是师范教育内涵式发展的有益尝试。由此可见，师范教育价值取向之观念层已偏向于以"人"的价值为主导。

2. 以培养专业型教师为需要

在社会观念更新升级的强力推动下，在人才观和教育格局转型之际，师范院校作为培养教师的主阵地必须进行相应的改革。1990 年代后期，师范教育的培养目标从技能强化调整为师范生素质的提升，从中可以看出此阶段师范教育价值取向之需要层以培养专业型教师队伍为主要内容，与"人"的发展相关联。

（1）培养更具适切度的教师

进入转型提升期，教育相关政策文本开始强调教师专业素养培养的具体目标应基于基础教育类型的特殊性而进行细化，师范教育在师范生培养过程中也更为看重其针对性和适切度。

1999 年，中共中央、国务院通过的《关于深化教育改革全面推进素质教育的决定》（以下简称《决定》）指出："2010 年前后，具备条件的地区力争使小学和初级中学阶段教育的专任教师的学历分别提升到专科和本科层次，经济发达地区高中阶段教育的专任教师和校长中获硕士学位者应达到一定比例。提高高等学校教师中具有博士学位教师的比例……加快建设兼有教

---

① 教育部. 2003—2007 年教育振兴行动计划［EB/OL］. （2004-2-10）［2023-5-21］. http://www.moe.gov.cn/jyb_sjzl/moe_177/201003/t20100304_2488.html.

师资格和其他专业技术职务的双师型教师队伍。"①《决定》反映了国家对教师学历提升与类型细化的客观要求。此后，随着教师专业化理念的逐渐深入，为具体化不同教育层次的教师素养及要求，2014 年的《关于实施卓越教师培养计划的意见》、2018 年的《关于全面深化新时代教师队伍建设改革的意见》和《教师教育振兴行动计划（2018—2022 年）》分类推进了教师培养模式改革，其政策内容趋于一致，均强调全面提高师范生的综合素养与能力水平，即"全面提高幼儿园教师质量，建设一支高素质善保教的教师队伍；全面提高职业院校教师质量，建设一支高素质双师型的教师队伍；全面提高高等学校教师质量，建设一支高素质创新型的教师队伍"②。

（2）培养专业素养型教师

改革开放以前，师范生培养的重点在于知识授受，尽管 1980 年代末期到 1990 年代中期的师范教育开始关注素质提升，但多停留在片面的技能操作层面。世纪之交，创新精神、实践能力、专业水平、信息技术能力被视为高素质教师的评价标准。近几年，在教育以立德树人为根本任务的总体要求下，师范教育大力强调师德师风建设，提出了包含专业知识、专业能力、专业情感、道德伦理在内的复合型、整体式培养目标。

在新的历史条件下，教师角色定位发生了转变，即从"教会知识"转变为使学生"学会学习"，从让学生"接受"转变为教学生"创造"，从"教书"转变为"育人"。师范教育的主要培养任务也随之转向，即"从对知识结果的注重转为对产生和创造知识的方法和过程的关注，从对基本技能和适应能力的训练转为对创造能力的培育，从对高远宏大的圣贤人格的塑造转为对独立自主的个性人格的追求"③。此阶段，师范教育以培养具备创新精神、实践能力强、专业水平高的高素质教师为培养目标。比如，2002 年《教育部关于"十五"期间教师教育改革与发展的意见》提出"师范院校要更新教

① 中共中央国务院关于深化教育改革全面推进素质教育的决定［EB/OL］.（1999－6－13）
［2023－5－21］. http://old. moe. gov. cn/publicfiles/business/htmlfiles/moe/moe ＿ 177/200407/
2478. html.
② 中共中央国务院关于全面深化新时代教师队伍建设改革的意见［EB/OL］.（2018－2－1）
［2023－5－21］. http://www. moe. gov. cn/jyb ＿ xwfb/moe ＿ 2082/zl ＿ 2018n/2018 ＿ zl13/.
③ 牛文明. 后现代教育观与素质教育的契合与背离［J］. 当代教育科学，2010（8）：7－10.

育观念，加大教师教育专业结构调整力度，继续推进培养模式和课程体系改革，提高培养质量，培养适应全面推进素质教育的新型教师""努力培养具有创新精神和实践能力的高素质教师"① 等要求。2011 年的《教师教育课程标准（试行）》强调通过育人为本、实践取向、终身学习的基本理念来实现教师专业发展，倡导教师作为复杂情境中能动的探究者，在行动中反思，在反思中行动。该标准明确提出教师教育三维课程目标：教育信念与责任、教育知识与能力、教育实践与体验。这凸显了教师培养目标在专业领域内的全方位与整体性的规划。② 2018 年，《教育部关于实施卓越教师培养计划 2.0 的意见》将师范生的培养目标设定为："到 2035 年，师范生的综合素质、专业化水平和创新能力显著提升，为培养造就数以百万计的骨干教师、数以十万计的卓越教师、数以万计的教育家型教师奠定坚实基础。"③

　　与此同时，随着信息时代的来临，信息技术应用能力成为教师不可或缺的专业能力。为适应这一社会发展需求，教师队伍的信息化建设被提上日程。2002 年《教育部关于推进教师信息化的意见》指出："信息化已经引起中小学的教育思想、观念、内容、方法等方面发生深刻变革。要实现信息技术在中小学逐步普及和应用，建设一支数量足够、质量合格的具有较高信息素养的中小学师资队伍是关键。"④ 2004 年，教育部颁布了《中小学教师教育技术能力标准》。2011 年我国以实施教师教育网络联盟计划为重点，进一步推动了教师教育信息化建设。2013 年的《关于实施全国中小学教师信息技术应用能力提升工程的意见》再次强调信息技术应用能力的重要性。2014 年教育部发布了《中小学教师信息技术应用能力标准（试行）》，对教师应用信息技术优化课堂教学的能力提出具体要求。2018 年的《教育信息化 2.0

---

① 教育部关于"十五"期间教师教育改革与发展的意见 [EB/OL].（2002-3-1）[2023-5-21]. http://www. moe. gov. cn/srcsite/A10/s7058/200203/t20020301_162696. html.

② 教育部. 教师教育课程标准（试行）[EB/OL].（2011-10-8）[2023-5-21]. https://baike. baidu. com/item/%E6%95%99%E5%B8%88%E6%95%99%E8%82%B2%E8%AF%BE%E7%A8%8B%E6%A0%87%E5%87%86/8231624?fr=aladdin.

③ 教育部关于实施卓越教师培养计划 2.0 的意见 [EB/OL].（2018-9-30）[2023-5-22]. http://www. moe. gov. cn/srcsite/A10/s7011/201810/t20181010_350998. html.

④ 教育部关于推进教师信息化的意见 [EB/OL].（2017-4-5）[2023-5-22]. http://www. moe. gov. cn/srcsite/A10/s7151/201704/t20170419_302874. html.

行动计划》提出到 2022 年基本实现"三全两高一大"的发展目标。这也体现了师范生培养的新内容与新趋势。

在社会主义核心价值观的引领下，师德师风备受关注，教师承担着塑造灵魂、塑造生命的重任，并由此形成了一套成体系的培养目标。2010 年的《国家中长期教育改革和发展规划纲要》和 2012 年教育部等部委颁布的《关于深化教师教育改革的意见》指出，除了实践、创新外，还要求加强师德教育和养成教育，着力培养师范生的社会责任感。2012 年，党的十八大报告提出"把立德树人作为教育的根本任务，培养德智体美全面发展的社会主义建设者和接班人"①。2017 年，习近平总书记在党的十九大报告中指出："要全面贯彻党的教育方针，落实立德树人根本任务，发展素质教育，推进教育公平，培养德智体美全面发展的社会主义建设者和接班人……加强师德师风建设，培养高素质教师队伍，倡导全社会尊师重教。"② 2018 年 1 月，《中共中央国务院关于全面深化新时代教师队伍建设改革的意见》（以下简称《意见》）指出："造就党和人民满意的高素质专业化创新型教师队伍，落实立德树人根本任务""教师承担着传播知识、传播思想、传播真理的历史使命，肩负着塑造灵魂、塑造生命、塑造人的时代重任，是教育发展的第一资源，是国家富强、民族振兴、人民幸福的重要基石"③。《意见》强调教师的育人性、人文性，触及了人的生命深层次的发展，是教育观念逐步升华的标志。同年 3 月，《教师教育振兴行动计划（2018—2022 年）》要求将师德教育作为师范生培养和教师培训课程的必修模块，使其贯穿于教师教育全过程。同年 9 月，习近平总书记在全国教育大会上发表重要讲话："要把立德树人融入思想道德教育、文化知识教育、社会实践教育各环节，贯穿基础教育、职业教育、高等教育各领域，学科体系、教学体系、教材体系、管理体系要围

① 教育部. 坚持把立德树人作为根本任务［EB/OL］.（2018－9－14）［2023－5－22］. http://www. moe. gov. cn/jyb_xwfb/xw_zt/moe_357/jyzt_2018n/2018_zt18/zt1818_pl/mtpl/201809/t20180914_348688. html.

② 新华网. 立德树人，习近平这样阐释教育的根本任务［EB/OL］.（2019－3－18）［2023－5－22］. http://www. xinhuanet. com/politics/xxjxs/2019－03/18/c_1124247058. htm.

③ 教育部. 教师教育振兴行动计划（2018—2022 年）［EB/OL］.（2018－3－29）［2023－5－20］. http://www. moe. gov. cn/s78/A10/moe_601/201804/t20180408_332555. html.

绕这个目标来设计，教师要围绕这个目标来教，学生要围绕这个目标来学。"①

总之，转型提升期的师范生培养目标在适切度、实践能力、专业素养、信息技术能力、师德师风建设等方面提出了更高要求。从对师范生政治、经济、社会工具性价值的强调到对以创新精神、育人能力为核心的教师素养的重视，体现着国家对当代师范教育的需要的转变，这相对于前期"千人一面"的教育形态无疑有了重大进展。然而，教师及师范生首先是人，是具有丰富生命经验的个体，他们的成长不仅仅是职场中的专业发展，还是生命完整的发展。这一时期的师范教育培养目标对师范生各种知识、能力、素质、技能、道德伦理等方面的要求仍然是从教师职业发展和专业发展的角度出发的，以职业、专业的属性为基准，将与职业相关的素养视为师范教育的终极追求，因此这依然难脱功利主义的窠臼，在某种程度上忽视了对"人"的完整生活世界的观照，忽视了鲜活个体生命的完整性。

3. 师德为要、实践导向的行动方向

1990 年代中后期以后，科学技术迅猛发展，以人才为根本的国际竞争日趋激烈，提升国民素质的呼声日益强烈，我国师范教育面临严峻的挑战。在师范教育转向师范生专业素养优化的过程中，具体实施层面也相应有所调整，强化了师德教育及实践课程体系，呈现出师德为要、实践导向的行动方向选择。

（1）强调师德教育

在素质教育全面深化的新时代，教育政策明确要求把教师职业道德水平摆在首要位置，并贯穿于教师教育全过程。

1997 年国家教委印发的《关于在中小学教师继续教育中加强教师职业道德教育的意见》、2002 年的《教育部关于"十五"期间教师教育改革与发展的意见》及 2005 年教育部出台的《关于进一步加强和改进师德建设的意见》均指出了教师职业道德的重要性，将师德教育作为教师职前培养和在职

---

① 习近平：坚持中国特色社会主义教育发展道路　培养德智体美劳全面发展的社会主义建设者和接班人［J］. 教育科学论坛，2018（10）：7—9.

培训的首要任务和重点内容。教育部在制定教师教育课程标准、教师专业标准及"国培计划"内容时,都把师德要求作为首要内容。此外,师范生培养、新教师及在职教师培训也都专门开设了师德教育课程。近年,教育部门更是明确要求将德育贯穿师范教育全过程。如 2018 年 1 月,《中共中央国务院关于全面深化新时代教师队伍建设改革的意见》(以下简称《意见》)提出"把提高教师思想政治素质和职业道德水平摆在首要位置,把社会主义核心价值观贯穿教书育人全过程,突出全员全方位全过程师德养成"[1]。《意见》在师德建设方面主张加强教师党支部和党员队伍建设、加强教师的理想信念教育、弘扬高尚师德,引导广大教师以德立身、以德立学、以德施教、以德育德。[2] 同年出台的《教师教育振兴行动计划(2018—2022 年)》要求加强师德养成教育,将师德教育设置为必修课程。

(2)强化实践教学体系

新时代的来临在客观上对教师质量和素养提出更高要求,以授受和模仿为主的传统师范教育模式已被时代淘汰。为提高教师专业水平,有效沟通理论与实践,提升教师教学中解决实际问题的能力,实践教学体系受到师范院校重视。实践导向的培养模式强调在真实、具体的教学情境中通过浸入式的观察、参与、体验与实践来生成师范生的教学能力及实践性知识,这成为当前师范教育课程改革的新趋势。

其一,加强以学科为中心的综合性教育课程。注重文理结合和学科间的相互渗透,优化学生的知识结构,提高学生的综合素养和能力,增加以学科为中心的通识性知识、科技前沿知识及教育专业课程。

其二,构建全方位教育实践内容。2014 年的《教育部关于实施卓越教师培养计划的意见》提出"突出实践导向的师范教育课程内容改革",要求"将实践教学贯穿培养全过程,分段设定目标,建立稳定的教育实践基地和

① 中共中央国务院关于全面深化新时代教师队伍建设改革的意见 [EB/OL]. (2018－2－1)[2023－5－21]. http://www. moe. gov. cn/jyb _ xwfb/moe _ 1946/fj _ 2018/201801/t20180131 _ 326148. html.

② 中共中央国务院关于全面深化新时代教师队伍建设改革的意见 [EB/OL]. (2018－2－1)[2023－5－21]. http://www. moe. gov. cn/jyb _ xwfb/moe _ 1946/fj _ 2018/201801/t20180131 _ 326148. html.

教育实践经费保障机制，教育实践不少于一个学期"①。2018年的《教师教育振兴行动计划（2018—2022年)》及《教育部关于实施卓越教师培养计划2.0的意见》进一步强调突出实践导向的教师教育课程内容改革，提高实践教学质量，开展规范化的实践教学，落实"双导师制"，推进教学实验室及相关数字化平台建设，遴选优质教育实践基地。此外，《教师教育振兴行动计划（2018—2022年)》还提出教育实习与国际合作相结合的主张，以拓展师范生国际视野。在强化实践能力的具体举措上，华东师范大学的"教育见习、研习、实习一体化"模式，洛阳师范学院的"全程"教育实习模式，内江师范学院的"三段四模块"模式以及西华师范大学的"双向互动、四位一体"教育实习模式，均强调教育见习、教育研习、教育实习有机结合，使相互衔接的三个部分贯穿于师范生的整个培养阶段。此外，华东师范大学、西南大学、忻州师范学院等重视实习基地的建设，实行师范生顶岗实习，使师范培养与服务基础教育相结合。

其三，完善多样化的课程方式及教学方法。强调从师范课程与学科课程简单混合的传统模式转变为综合化、系统化、模块化的现代课程模式，增加多样化的教学方法与教育技术。《教育部关于实施卓越教师培养计划的意见》明确提出建立模块化的教师教育课程体系的建议。《教育部关于大力推进教师教育课程改革的意见》指出："在学科教学中，要注重培养师范生对学科知识的理解和学科思想的感悟。充分利用模拟课堂、现场教学、情境教学、案例分析等多样化的教学方式，增强师范生学习兴趣，提高教学效率，着力提高师范生的学习能力、实践能力和创新能力。加强以信息技术为基础的现代教育技术开发和应用，将现代教育技术渗透、运用到教学中。"②

综上所述，此阶段在师范教育的具体教育教学过程中，增加了师德教育课程，并且着重于师范生教学技能、实践能力的培养。价值取向行动方向层以师德为要、实践导向为特征，为师范生未来的专业发展奠定了坚实基础。

---

① 教育部关于实施卓越教师培养计划的意见 [EB/OL]. （2014-9-18）[2023-5-23]. https://www.gov.cn/xinwen/2014-09/18/content_2752077.htm.

② 教育部关于大力推进教师教育课程改革的意见 [EB/OL]. （2011-10-8）[2023-5-23]. http://www.moe.gov.cn/srcsite/A10/s6991/201110/t20111008_145604.html.

然而，此行动方向虽然强调师范生作为教师的德与能，却并未涉及师范生作为自然人的发展诉求，师范生的个体价值未能充分显现。同时，师范生由于理论知识及理性思维能力的局限，尚不具备对实践做出及时、深入反思的能力，导致实践模式缺乏应有的广度和深度，实践课程与教学改革仍然停留在技术层面。

总体而言，随着社会转型及社会主义市场经济的日臻完善，师范教育开启了内涵式发展之路，其价值取向之观念层也愈发重视师范生的主体地位。这意味着，师范教育中的"人"已经进入决策者的视野之中。师范教育以培养高素质、专业化、创新型教师为己任，以满足国家培养专业型教师队伍的需要为目标，其内在价值受到一定程度的关注。师范教育教学过程更加重视师德教育与教学能力的生成，呈现出师德为要、实践导向的行动方向。就师范教育价值取向的各个层次来看，转型提升期的师范教育强调内涵式发展，并由此走向了教师专业发展取向，实现了质量提升的跨越式进步。不过，教师专业发展取向的师范教育受限于职业角色的惯性约束，并未完全脱离工具性价值：师范生专业素养优化及实践能力强化在很大程度上是从职场发展需求的角度提出的，注重师范生社会角色的专业发展，而师范生内在的、个体的自我价值依然未充分显现。

二、师范教育价值取向的分析透视

纵观师范教育历史变迁，可以清晰地发现，自新中国成立至今，我国师范教育价值取向随时代变迁而不断调整。在其演进中，受政治、经济等诸多因素的影响，师范教育或多或少地存在着割裂社会与个人、忽视个人价值等问题，导致师范教育价值取向出现不足。这种不足主要表现为价值取向之价值观念层的单一化、需要层的片面化和行动方向层的工具化。

（一）师范教育价值取向中价值观念层的单一化

新中国成立后，师范教育价值取向一直随着社会发展的重心而调整，强调社会相关因素的主导价值，在一定程度上忽略了师范教育中师范生的个体价值，呈现出师范教育价值取向观念层的单一化。

在急速发展期，第一次全国教育工作会议明确了"教育为工农服务，为生产建设服务"的宗旨，体现了政治、经济对于学校教育价值确立的决定意义。教育的这一地位也影响着师范教育的定位。这一时期的师范教育以服务于社会建设为立场，反映着以政治、经济因素为主导的价值观念，在一定程度上弱化了师范教育的独立地位及其本体价值。

进入调整停滞期，中共中央于1958年明确了"教育为无产阶级的政治服务""教育与生产劳动结合"的教育方针，预示着师范教育价值取向观念层的政治主导趋势。

党的十一届三中全会把整个社会的工作重心转移到经济建设上来，师范教育进入恢复重建期。党的十一大报告明确指出各级各类教育要"配合各项经济事业和科学技术事业的发展"，1978年的《关于加强和发展师范教育的意见》、1980年的《关于师范教育的几个问题的请示报告》等文件也反复强调"大力发展和办好师范教育以满足、适应社会主义革命和建设的需要"①。上述文件为我国师范教育的定位奠定了新基调，师范教育的价值主要体现为促进国家新时期的经济和科技发展，反映了以社会经济为主导的价值观念。与之同时，为保证社会主义市场经济改革的深入开展，作为经济发展有力支撑的师范教育也逐步兴起了简政放权的改革，尝试从独立封闭到混合开放的体系转型。在社会主义市场经济的冲击下，师范院校的办学行为出现经济化倾向。这一系列的经济化调整凸显着极强的经济导向。不难发现，此阶段的师范教育价值取向之价值观念层由政治主导转变为经济主导，对"人"的主体地位的观照仍显不足。

进入转型提升期，在素质教育和新课程改革的推动下，教育界对社会本位价值取向进行了反思和批判，教育活动中具体的"人"受到关注，师范教育也越发重视师范生在专业领域内的素养提升。这一时期，师范教育价值取向的观念层已与"人"的意义和价值相关联，强调专业知识、专业能力、师德师风的协调发展，以优化师范生质量。但这种优化局限于师范生未来的职

---

① 苏林，张贵新. 中国师范教育十五年［M］. 长春：东北师范大学出版社，1996：30—33.

业发展，更重视师范生的社会价值，忽略了师范生的自我价值。也就是说，这一阶段师范教育的根本价值是培养满足国家建设所需的"才"，未能充分兼顾培养具有独特个性和生命自觉的"人"[①]，师范生的个人价值仍未完全显现。

综上所述，新中国成立后的师范教育定位折射出师范教育价值取向长期遵从着以社会因素为主导的价值观念。不可否认，国家以社会发展为其价值尺度，强调社会的主导价值无疑有其合理性及历史必然性。教育与社会有着天然的联系，教育秉持以社会因素为主导的价值观念是国家整体利益最大化的权衡结果，也是我国师范教育发展必经之路。一方面，教育与政治、经济之间存在着相互制约又相互促进，彼此独立又相互关联的关系，教育促进社会的进步是教育必然具有的社会功能。促进社会发展是我国教育及师范教育应长期坚持的基本立场。另一方面，从百废待兴的新中国成立初期到教育事业与其他各项事业达成某种平衡之前，稳定政局、恢复国民经济必然是整个国家事业的重中之重。特别是在新政权建立之初，许多事业尚处于迟滞、落后的状态，必须按轻重缓急，有计划地完成各项基础事业的恢复和发展。

然而，从师范教育改革调整进程来看，社会因素的价值主导地位往往是借助于政策法规的强制性来实现的。所谓强制性，就暗含着社会对师范教育的要求与师范生对师范教育的期望的错位。尽管社会现实需求理应是师范教育发展方向的重要影响因素，但是如果师范教育价值取向的价值观念层长期以社会因素为主导，单一地将社会发展作为终极目的，则必将弱化师范教育自身的独立地位、诉求及发展规律，制约师范生作为鲜活、完整的生命个体的发展。新中国成立后很长一段时间，由于客观条件的限制，唯有在保障政局稳定、经济正常运行的前提下才有个人成长的现实条件和空间，故在此之前，各因素间的矛盾并非不存在，而是被迫切的首要任务所掩盖。正如邓小平所说："我们的人民生活水平和文化水平还不高，这也不能靠谈论人的价

---

① 杨颖东. 失衡与反拨——我国学校教育价值取向的偏差反思和调整［D］. 上海：华东师范大学，2014：100.

值和人道主义来解决，主要地只能靠积极建设物质文明和精神文明来解决。离开了这些具体情况和具体任务而谈人，这就不是谈现实的人而是谈抽象的人，就不是马克思主义的态度。"① 随着社会的进步、科技的发展和经济的腾飞，个人价值及其合理欲求也逐渐显现，因此需要充分尊重、考虑"人"的价值并推动社会与个人的关系趋向于合理化——经济的发展、政治的进步和文化的提高等等，其实质都是客体的发展，真正意义上的社会发展只能是其主体，即人的发展。客体的发展无论如何都只是主体发展的条件和手段。

（二）师范教育价值取向中需要层的片面化

师范教育价值取向价值观念层的单一化必然导致其需要层的片面化。以社会因素为主导的价值观念促使师范教育围绕社会发展需要的变化而调整，以培养社会需要的教师为最高目的，难以在师范生对社会的功效与价值和师范生自身发展的需要之间达成平衡。

新中国成立初期，师范教育政策明确了政治课程在学校课程体系中的重要地位，指出政治课程是培养新型教师的重要途径。与此同时，新中国对工业建设人才的渴求间接规定着师范教育以培养具备学科专业知识的教师为主要任务，以缓解国家经济发展与专业人才需求之间的矛盾。也就是说，这一阶段师范教育价值取向的需要层以培养服务于政治稳定、经济复苏的教师为主要内容，关注师范生的政治素养及学科知识，对师范生作为教师的专业性需要以及自我发展需要有所忽视。

进入调整停滞期，国家自 1958 年起进一步加强了师范生的政治属性培养，强调思想上的政治化、身体上的劳动化，肃清知识分子的小资产阶级思想，以培养服务于无产阶级的教师队伍为需要。激进的政治诉求异化了师范教育的初衷，使师范生身心发展的需要被遮蔽。

在恢复重建期，国家以经济建设为中心。此阶段的师范教育价值取向需要层转变为培养服务于经济发展的教师，重视师范生技能训练，以提升效率。尽管此阶段的思想解放运动在一定程度上肯定了"人"的价值，但师范教育

---

① 邓小平. 邓小平文选（第3卷）[M]. 北京：人民出版社，1993：41.

中"人"的地位及其需要依然较少被看见。在经济需要的冲击下，师范生被视为促进经济发展的人力资源，其内在精神、理性思维及自我意识难以彰显。

进入新世纪后，师范教育开启了内涵式发展模式，强调师范生专业领域的素养提升，以培养专业型教师为需要。此阶段，师范教育的重心开始朝师范生的发展倾斜，在一定程度上体现了教师专业发展取向，这相对于前三个阶段无疑是跨越式的进步。然而，尽管师范生的专业素养培养涉及专业知识、能力、德性、情感等众多维度，但仍根植于教师社会身份发展之需。必须指出，师范生不仅是未来职业角色的存在形式，还应是完整的生命存在形式，从这个角度来说，师范教育价值取向的需要层还应拓展师范生社会角色背后的自我多元化发展空间，支持师范生对自身兴趣爱好、自由思想、独立精神和完善人格的多重追求。

综上所述，自新中国成立至今，国家意识到了政治稳定、经济发展、文明进步离不开教育中"人"的因素的推动，不乏对师范生、教师的强调，但这种对"人"的关注更多地是以师范生对社会的实用性为视点，表浅地从属于社会需求。也就是说，师范教育价值取向需要层的内容一直指向于社会现实的政治或经济诉求。从客观现实来看，国家对师范教育的需要在不同时期必然有一定的侧重和偏向，这在特定阶段是必要且合理的。然而，一味重视外在需要，忽视师范生自身内在发展诉求，淡化师范生作为完整的"人"的主体意义与立场，将导致师范生生命的非健全发展以及师范教育价值的本末倒置。因此，回归师范教育中"人"的立场，确保"人"的需要的全面满足，是师范教育进一步发展要解决的问题。

（三）师范教育价值取向中行动方向层的工具化

师范教育长期以来都侧重于以培养社会需要的教师为目的，其价值取向需要层的片面化造成了行动方向层的偏差。以知识本位、革命本位，技能导向、实践导向为特征的行动方向，强调从社会或职业需要的角度来培养"政治人""经济人""职业人"，对师范生主体性及其生命的完整性缺乏观照，工具化问题凸显。

在急速发展期，师范教育价值取向的行动方向层呈现出政治突出、知识本位的特征。知识本位的课程模式将知识授受视为教学中最重要的环节，奉知识为权威，以知识指导实践。在此种模式的师范生培养过程中，教学任务的重点即是将学科理论知识通过讲授的方式传授给师范生，以便其掌握未来教学活动应具备的基本知识。师生双方都将知识理解为客观、确定、首位的。首先，认为知识是客观的、与价值无涉的。教学过程仅强调呈现教材规定的知识点，无须涉及教师及师范生自身的情感、态度或意义世界。其次，认为知识是真理、是确定的。知识即真理，教师因拥有丰富的知识而被赋予至高无上的地位。师范生在教学过程中只需对教师所讲授的知识进行反复背诵直至牢记即可，无须过多理解、内化。基于知识的绝对地位，教师的权威凌驾于学生之上，造成了二者地位的不平等性。最后，在知行关系上，认为知识是首位的，即知识相对于实践具有优越性①，遵循理论指导实践的逻辑，教师更关注知识的传播，而忽视这些知识对师范生日后的教育教学工作或生活有什么实际用处以及如何与实践发生联系，但这恰恰是师范教育应该尤为重视的。在知识本位模式的影响下，教师教育者成为书本知识的"代言人"，尤为重视知识的讲授与灌输，而相对轻视师范生的智力开发、能力培养及个性发展，以至于出现形式主义的缺陷。同时，师范生屈身于知识，往往是被动接受、机械记忆，丧失了主体活力，造成与兴趣、情感、实践及生活的割裂。

师范教育的调整停滞期，强调师范生的政治意识、革命精神，呈现出政治为上、劳动为先的行动方向特征。此时期政治斗争成为一切教育类型最重要的任务，师范教育的专业性被忽视，其价值也曾一度被全盘否定。

进入恢复重建期，师范教育价值取向的需要层以培养服务于经济发展的教师队伍为主要内容，追求效率最大化，重视教学技能的培养，技能导向的行动方向被推向主流。此阶段的培养重点在于强化教学技能，推崇"教师演示－师范生模仿"行为的反复练习。此种模式暗含着师生双方对教学技能外显化、程序化和规范化的理解。具体而言，首先，将教学技能理解为简单的外显行为，认为教学技能"所见即所是"，是师范生可直接观察的单纯外在

---

① 胡晓珊. 我国师范教育课程价值取向的审思及重构 [J]. 高教探索，2020（6）：81-85.

表现性技巧或技术行为，不涉及行为者的内化作用及学习者的思维过程，忽略了技能的生成性。其次，将教学技能视为固定化、程序化的"公式"，认为鲜活、生动、具体的教学场景是同一化、固态化过程，教学技能也是可以进行统一程序化设计的。师范生只需通过反复模拟练习、强化操作就能习得技能，并且能够按照既定的教学步骤按部就班地使用这些教学技能即可。最后，将教学技能看成是规范化的行为方式。基于教学技能是程序化、统一化的外显行为的假设，教学技能培养过程中特别重视师范生技能的规范化训练，以形成定型化的行为方式，无须涉及个性化的创造。① 在这种理解下，教师教育者更像是技术训练员，只注重技能的示范作用，忽视了师范生反思意识、创造能力及教学个性的养成。师范生则接近一切遵循固定程序和准则的"技术工人"，师范生培养陷入一种缺乏思考的简单重复和无限循环的怪圈。在这种以效率最大化为目标的机械化外在行为训练中，师范生难免沦为技艺的载体。需要提出的是，尽管技能导向和知识本位都未能将"人"放置于教育的合理位置，但相对于单纯的知识灌输方式而言，技能导向的模式反映着教师职业的专业性及师范教育的师范性的初步显现，这是师范教育培养模式改革过程中不可跨越的必经之路。

在转型提升期，随着社会的大踏步前进，师范教育价值取向需要层以培养专业型教师队伍为主要内容，要求师范生品德高尚，能处理实际问题，具备实践能力，呈现出实践导向的行动方向。实践导向的培养模式注重与具体情境的互动，即要求师范生置身于真实的教学情境中，在具体教学情境的"际遇"中生成教学能力及实践性知识，以解决师范生在未来教学场景中将面对的动态、变化的实际问题。对实践导向的认识关键在于对"在实践中""通过实践""为了实践"的理解。首先，"在实践中"即强调实际经验与真实情境的基础性作用，主张全身心浸入教学实际、模拟教学、教育见习、教育实习等真实教学场景，以获取实践能力。其次，"通过实践"即注重实践与反思结合，以获取一种关于"教"的知识，强调师范生置身于动态变化的问题情境，在实践体验中主动积极地进行自我反思。只有在实践中彰显个体

---

① 胡晓珊. 我国师范教育课程价值取向的审思及重构［J］. 高教探索，2020（6）：81−85.

的能动性与建构性，促进实践与反思的有效结合，才能真正将技术性实践上升到反思性实践，形成个人的、内隐的实践性知识。最后，"为了实践"旨在促进师范生在复杂的教育教学情境中灵活生成切实的教学决策及应对能力，以便在未来教学实践中更加得心应手地应对实践问题。

　　相对于前三种工具本位表现形式，实践导向的培养模式具有明显的进步性，有助于教师专业能力的生成。然而，实践导向的培养模式侧重于师范生教学能力的养成，对师范生作为生命个体的现实生活世界却少有关注，仍然难以促进师范生的生命完善。同时，作为教师预备阶段的师范生，尚不具备良好的理论知识及理性思维能力，对于实际问题的分析、反思缺乏教育信念与批判能力的支撑，导致实践与反思的脱节。这种没有经过内化加工的实践与经验性、模仿性、技能性的外化行为如出一辙，仍未摆脱技术理性的桎梏，技术化和肤浅化问题并未完满解决。①

　　总之，尽管师范教育价值取向行动方向层的四种模式正朝着合理的方向升级优化，但四种表现形式都有一个共同的特征，即以满足社会需要为核心目的，过分强调师范生对知识、技能的掌握，缺乏对师范生的主动性、能动性、创造力、情感及意义世界的关注，教师职业背后鲜活的、完整的个体生命被淡化了。

---

① 胡晓珊. 我国师范教育课程价值取向的审思及重构［J］. 高教探索，2020（6）：81－85.

第三章
师范教育价值取向重构的人学视角阐释

在师范教育价值取向的历史演进过程中，呈现出过于强调社会主导，忽略个人立场，个人发展与社会发展之间不够平衡等不足。为厘清师范教育价值取向中个人主导与社会主导，个人发展与社会发展之间的关系，回归师范教育的教育本质，回应师范教育促进师范生发展及培养未来教师的根本任务，应从完整的"人"出发对师范教育价值取向进行反思与重构。为了进一步明确"人"的价值与意义，本章旨在梳理"人"的内涵及其与社会、教育的关系，并以此作为理论依据解析人的属性、存在方式及需要，为深入分析师范教育价值取向重构中指向完整的"人"的价值观念和需要奠定基础。

一、人学依据

为透彻分析师范教育的合理价值取向并明确师范教育价值取向中"人"的主体地位及核心价值，应首先找到其理论依据。师范教育中的"人"不仅仅是独立的人，也是社会中的人、教育中的人，只有从人自身以及人与外界的互动关系中才能真正定位"人"。由此，本节主要从东西方哲学对"人"的内涵的理解出发，考察人与社会关系演变的历史脉络，反思人类文化长河中人与教育的关系，对"人"做一个深入的、全面的认识和把握，并以此作为对人进行解析的理论依据，为师范教育价值取向的审思与重构找到基点。

（一）人的内涵

师范教育是"教育之母"，是"人性集合地"。对人的内涵的理解是研究师范教育价值取向的基础，缺乏对人的准确认识，就难以准确理解人的基本规定性及其地位，难以完整把握师范教育的定位，难以深入认识师范教育价

值取向中师范生作为完整的"人"的构成及其价值。然而,"人"又是一个极其复杂且庞大的理论系统,关于人的内涵的理解,本书将从中西方人的本质观、人本主义思想以及人的发展观等方面来探究与总结。

1. 人的本质观

对人的本质的探究与反思是哲学研究的最高目的。从哲学的角度研究人的本质,有助于理性地对人进行解析,为从"人"的立场来重构师范教育值取向奠定理论根基。

(1) 中国传统哲学中的人性观

早在春秋时期,诸子百家就以"性"为基础,从人的自然生命与道德伦理的关系的角度对人性进行了探索,指出人的自然本性是相近的,但是受后天生存环境变化的影响,人的习性也发生了相应变化,即所谓"性相近也,习相远也"。基于对人的自然天性和生命存在的理解的基础与侧重点不同,形成了几类典型的人性观,包括性善论、性恶论和非善非恶论等,其中性善论和性恶论是中国传统哲学对人的本质的理解的主要代表思想。

《中庸》上篇第一章对儒家人性观做了总括。其中,"天命之谓性,率性之谓道,修道之谓教"这三句话分别提出:人之为人的自然世界之规律,即是"天命";人要彰显自己为人的价值,即通过率性和遵循人人共同认可的规则来行动,即是"道";尊重人性,实现人性,以民为主,即是"教"。孔子以"礼"和"仁"将人性与天道融合来表达道德、伦理的要求。孔子的"仁"是一种自觉的精神状态,指出人"一方面对自己人格的建立及知识的追求,发出无限的要求。另一方面,是对他人毫无条件地感到有应尽的无限的责任"①。

孟子在继承孔子"仁"学思想的基础上进一步提出"仁义礼智"四大伦理范畴,他在《孟子·告子上》中指出,"恻隐之心,仁之端也;羞恶之心,义之端也;辞让之心,礼之端也;是非之心,智之端也",而"仁、义、礼、智,非由外铄我也,我固有之也,弗思耳矣"。这"四端"是人先天具有的共同心理需要,决定了人性为善。孟子要求人要"求其放心""不失本心",

---

① 徐复观. 中国人性论史(先秦篇)[M]. 上海:三联书店,2001:81.

通过反省内求的方式培养和发扬人性中的善，达到生命的圆满境界。孟子对人性的理解是从人与人之间遵守规则、克制情欲和尊重他人权利的善，来构建社会中人们都应遵守的价值标准和社会秩序。

与孟子不同，荀子提出了人性属恶的观点，并集中体现在其《荀子·性恶篇》中。他认为人性表现出"好恶喜怒哀乐"等"情"和"欲"，人的天性是"恶"的，是人与生俱来的属性，即"生而有好利焉""生而有耳目之欲，有好声色焉"，这是人的官能产生的欲望。尽管人的理智会对其本有的"性"和不加控制的自然流露之"情欲"加以选择后再做出行为，即"人之性恶，其善者伪也"，但这改变不了"人之性恶"的本质。他认为"从人之性，顺人之情，必出于争夺，合于犯分乱理，而归于暴"，所以不能任由人性随性发展，而应通过"化性起伪"使人性变善，强调环境、教育、自我学习及礼仪道德规范对人性陶冶、改造的作用。总的来说，荀子对人性的理解是其诉诸外在环境对人的欲望、行为加以规范的基础，同时也蕴涵着道德自律的意味，其思想在中国传统意识形态中占据重要地位。

中国传统哲学对人的本质的研究主要关注于通过什么样的方式发扬人性"善"的向度，抑制人性"恶"的向度，以达到人际关系和谐与社会中庸平衡。这些观点虽然在一定程度上涉及了对人的意识和绝对精神的思考，但具有一定的片面性，中国古代哲学中人的物质层面与精神层面的统一性尚未建立。

（2）西方哲学中人的本质观

在西方哲学发展的不同时期，不同哲学流派对人的本质有着不同理解，但纵观西方哲学的人学理论，呈现出从以理性为主，到感性兴起，再到注重非理性因素的基本认识路径。

①强调人的理性。

哲学家们对人的理性的崇拜可以上溯至古希腊时期。苏格拉底开辟了以人为中心的新的思维方向，将哲学的研究对象从自然转向人。他指出哲学的任务是帮助人认识自己，他认为人具有物质肉体与精神灵魂的二重性，肉体会消失，而精神永存，人是理性的人，是有灵魂、有思想的人，正是基于此，人才能追求善，"人的最高目的是追求正义和真理，希望在理性基础上确立社会整体的道德价值体系"①。柏拉图延续了对人的理性认识，指出人的灵魂分为理性、意志和情欲，其中理性居于最高位置，情欲若从属于理性就能实现美德和正义。亚里士多德认为理性能够区分人与动物、善与恶，理性支配人的感性，"理性是思维的思维，只有在思维里面，才有客观和主观的相符，那就是我"②。

继古希腊思想家的人学思想之后，17世纪欧洲的理性主义人学思潮应运而生，强调理性主宰一切，人通过理性可以获得绝对自由。笛卡儿开创了理性主义人学，他提出"我思故我在"的命题，"这个'我'亦即我赖以成为我的那个心灵，是与身体完全不同的，甚至比身体更容易认识，纵然身体并不存在，心灵也仍然不失其为心灵"③。笛卡儿从思维出发论证人的存在，以思维本质取代肉体，他指出："严格地说，我只是一个在思想的东西，也就是说，我只是一个心灵，一个理智或一个理性。"④ 在笛卡儿看来，人的身体运动是一种机械运动，人的身体和欲望不能作为人的本质，而其本质在于人所具有的思想或理性，也即人性。

德国古典哲学代表人物康德、黑格尔等人继承了前人的理性主义传统，主张理性是人的最高本质，世界本身只是"精神"的世界，"精神"的本质就是"自由"。康德提出人有双重属性，作为感性存在的人受自身感觉、欲望的支配，是没有自由可言的。他认为人能够意识到自身和塑造自己，"人能够具有'自我'的观念，这使人无限地提升到地球上一切其他有生命的存在物之上，因此他是一个人"⑤。由此，理性才是人的本质，作为理性存在的人，受理性的法则支配，才能超越经验世界以获得自由、价值和尊严。黑格尔作为理性人学思想的集大成者，他认为人的本质是精神，精神与物质相反，"刚好在自身内有它的中心点，它在它自身以外没有统一性，它已经寻

---

① 孙鼎国. 世界人学史（第1卷）[M]. 石家庄：河北人民出版社，2003：110.
② 黑格尔. 哲学史讲演录（第2卷）[M]. 贺麟，译. 上海：上海人民出版社，2013：301.
③ 北京大学哲学系外国哲学史教研室. 十六—十八世纪西欧各国哲学 [M]. 北京：商务印书馆，1975：48.
④ 北京大学哲学系外国哲学史教研室. 十六—十八世纪西欧各国哲学 [M]. 北京：商务印书馆，1975：128.
⑤ 康德. 实用人类学 [M]. 邓晓芒，译. 重庆：重庆出版社，1987：1.

到了这个统一性；它存在它本身中间，依靠它本身存在……精神知道它自己。它是自己的本性的判断，同时它又是一种自己回到自己、自己实现自己、自己造就自己、在本身潜伏的东西的一种活动"①。人的自我意识促进了人对自我和社会关系的思考，自由与独立意志成为个体存在的本质追求，而这个不断完善的过程就是认识绝对精神的过程。

对人的理性的强调承认了人的能动性、创造性与主体性，激发了人类追求真理、科学的动力。但是，过于看重人的精神层面，夸大人的意识的作用，无视人的自然性及非理性因素，将肉体与精神割裂，忽视历史演化的力量，使这种绝对精神的自我意识最终走向了唯心主义，抽象化了人的本质。

②强调人的感性。

古希腊智者学派的代表普罗泰戈拉提出了"人是万物的尺度"这一著名命题，强调人的中心地位。在他看来，任何事物的存在依据都是人的感觉。这一理念启示世人以人道抵制神道，主张人才是衡量事物的标准及主宰万物的力量，也直观地把人的感性理解为判断事物及获取知识的根本因素。普罗泰戈拉对人的感性的肯定为感性主义的人学思想奠定了基础。

当理性主义席卷近代欧洲之时，反理性主义在英国悄然升起。反理性主义者认为人是缺乏理性且极易犯错的，同时"理性本身具有结构性限制，这种限制主要表现在两个方面：一是个人理性在理解其自身的运作上存在逻辑上的局限；二是个人理性在认识社会过程时也存在着极大的限度"②。培根继承了普罗泰戈拉的感觉主义传统，以经验哲学为基础，以人的自然本性为出发点来认识人。在培根看来，人是自然的产物，是构成自然界的一部分，也是认识的主体。他指出，"人是自然的奴役和解释者……我们所应当注意的对象不是形式，而是物质，是物质的结构的变化"③，他将自然作为哲学的对象，认识的主体则是有血有肉的人的感官。沿循培根的认识路径，霍布

---

① 北京大学哲学系外国哲学史教研室. 西方哲学原著选读（下卷）［M］. 北京：商务印书馆，1981（6）：444—445.

② 邓正来. 规则·秩序·无知：关于哈耶克自由主义的研究［M］. 北京：三联书店，2004：73.

③ 北京大学哲学系外国哲学史教研室. 十六—十八世纪西欧各国哲学［M］. 北京：商务印书馆，1975：8—18.

斯、洛克、休谟等都把人的感性以及自然性视为意志、理智的主导因素，认为基于欲望的驱动，人才采取行动，追求幸福、快乐与和平，这是人天生的自然本性。

启蒙运动代表人物卢梭指出理性是感性的压抑，强调自然人的归复和实现。他认为人与生俱来是自由、平等、淳朴善良的，人的本性是善的，而社会造成了人性的邪恶，随着社会私有制的出现，人们原有的自然平等状态被打破。因此，卢梭从激进自由主义出发，呼吁归还人在自然状态下的自由、独立和平等，归还人的自然本性。

由培根开创的近代感性主义人学经过霍布斯、洛克、休谟等，由费尔巴哈集其大成。费尔巴哈批判了黑格尔抽象、思辨的唯心主义人论，强调人的自然性、感性。一方面，与以往唯心主义哲学建立在肉体与灵魂相分离的观点不同，费尔巴哈用自然的、生物学的观点看待人的本质。在他看来，"自然界是唯一客观存在的实体，是第一性的，先有自然界后有人，人是自然界长期发展的产物""人不是导源于天，而是导源于地，不是导源于神，而是导源于自然界"①。费尔巴哈认为人是自然界的最高存在，是第一位的，人的本质并非虚幻的精神，而是人的物质实体，是人的自然属性。"旧哲学的出发点是这样一个命题：'我是一个抽象的实体，一个仅仅思维的实体，肉体是不属于我的本质的'；新哲学则以另一个命题为出发点：'我是一个实在的感觉本质，肉体总体就是我的自我，我的实体的本身'。"② 另一方面，费尔巴哈认为人的本质表现为"我欲故我在"，人是感性的对象，没有任何脱离自然的特殊规定。他指出，人具有一种"自我保持、自我维持"的本能的欲望，这种本能的欲望直接引出了人的种种感觉、感情、欲望、意愿的作用。"在费尔巴哈把感觉当成人的本质，甚至人的'绝对本质'的时候，他自然就很容易把这个本质归结到他的自然物质基础——肉体感官之上，从而

———————

① 费尔巴哈. 费尔巴哈哲学著作选集（下卷）［M］. 荣震华，译. 北京：商务印书馆，1984：577.

② 费尔巴哈. 费尔巴哈哲学著作选集（上卷）［M］. 荣震华，译. 北京：生活·读书·新知三联书店，1962：169.

与他的自然主义观点挂上了勾。"①

费尔巴哈确立了人本的唯物主义哲学观，对于宗教及唯心主义造成的人性扭曲的归正具有积极意义。然而，以费尔巴哈为代表的感性人学思想过多且直观地强调人的自然性，将人归结为生物学意义上抽象的、一般自然存在的类存在物，未能真正揭示人的本质。

③强调人的非理性。

19世纪中叶兴起了以非理性为转向的现代人本主义思潮，将非理性视为人的本质，重视人的内在体验。非理性主义者认为人的主体性表现为个人内在的自我感受，这远比客观真理重要。以唯意志论、生命哲学、现象学、存在主义哲学、精神分析学等为代表的现代人本主义理论强调重视人的直觉、体验、欲念、生命冲动等非理性因素，以此获得人生的意义以及人的自由和尊严。这部分内容将在下文"人本主义思想"中展开论述，此处不做过多阐述。非理性主义人学高扬个人的绝对自由，进一步肯定了个体内在尺度的意义，但同时也过于放大非理性的作用，极易导致消极和悲观倾向。

综上所述，西方哲学对人的自我反思与体认始终随着时代变迁而不断更新，对人的本质的认识路径沿袭着以理性为主，进而以理性、感性并进，直到非理性因素盛行的路径，这些观点对人的本质的深入研究具有重要意义。然而，无论何种本质观，总是非此即彼地强调人的单向度内涵，都未能以一种整合的视野总观"全局"。同时，非社会、非历史、非实践地理解人，这与人的现实性、丰富性、完整性相背离，造成了对人的认识的绝对化倾向。

（3）马克思主义哲学中人的本质观

马克思以完整的人的立场来认识人，强调人不仅"直接地是自然存在物"②，而且同时也是社会的存在物，由此克服了自然主义、理性主义和非理性主义对人的认识的割裂与局限。马克思主义哲学从人的现实性、人的劳

---

① 邓晓芒. 费尔巴哈"人的本质"试析［J］. 湖南师范大学社会科学学报，2001（2）：5—12.

② 中共中央马克思恩格斯列宁斯大林著作编译局. 马克思恩格斯全集（第42卷）［M］. 北京：人民出版社，1979：167.

动及社会关系总和等方面来界定人的本质，具体而言：

①强调人的现实性。

针对前人对人的唯心化、抽象化理解，马克思在批判黑格尔"精神的人"和费尔巴哈"感性的人"的基础上，从历史的、现实的、实践的视角去认识人，提出人是"现实的人"。"现实的人"这一观点强调要正确地认识人，就要在人与社会关系中把人与现实的物质生产活动联系起来。"真正现实中的个人"是从事活动的，进行物质生产的，是不受他人任意支配的界限、前提和条件下能动地表现自己的。①

②强调人的劳动本质。

马克思在《1844年经济学哲学手稿》中论述道："劳动这种生命活动、这种生产生活本身对人说来不过是满足他的需要，即维持肉体生存需要的手段。而生产生活本来就是类生活。这是产生生命的生活。一个种的全部特性、种的类特性就在于生命活动的性质，而人的类特性恰恰就是自由的自觉的活动。"② 人的类特性是人区别于动物的类的规定性。"自由的自觉的活动"是指劳动实践。换言之，劳动是人的类本质。

首先，劳动是人存在的基础。马克思认为，"个人怎样表现自己的生活，他们自己也就怎样。因此，他们是什么样的，这同他们的生产是一致的——既和他们生产什么一致，又和他们怎样生产一致"③。马克思所指的劳动区别于黑格尔的抽象的、精神的劳动，是作为人类及其历史产生、存在和发展的基础和实践方式，也是决定人们基本样态的物质生产劳动。劳动创造了人本身，是人存在的基础。

其次，劳动是人区别于动物的根本表现。马克思、恩格斯在《德意志意识形态》中明确阐述了人区别于动物的类本质："一当人开始生产自己的生活资料的时候，这一步是由他们的肉体组织所决定的，人本身就开始把自己

---

① 中共中央马克思恩格斯列宁斯大林著作编译局. 马克思恩格斯全集（第1卷）［M］. 北京：人民出版社，1995：71－72.

② 中共中央马克思恩格斯列宁斯大林著作编译局. 马克思恩格斯全集（第42卷）［M］. 北京：人民出版社，1979：96.

③ 中共中央马克思恩格斯列宁斯大林著作编译局. 马克思恩格斯全集（第3卷）［M］. 北京：人民出版社，1960：24.

和动物区别开来。"① 恩格斯曾指出："动物仅仅利用外部自然界，简单地通过自身的存在自然中引起变化；而人则通过他们所做出的改变来使自然界为自己的目的服务，来支配自然界。这便是人同其他动物的最终的本质的差别，而造成这一差别的又是劳动。"② 由此可见，劳动是人区别于动物的根本，是人之所以为人、一切人所共有的一般本质。因此，劳动的过程不仅是人存在的基础，也是人的本质力量展现的过程，还是人表现自我、肯定自我的过程。

③人是社会关系的总和。

马克思承认人的自然性，更是以其社会性为中心，指出"人的本质不是单个人所固有的抽象物，在其现实性上，它是一切社会关系的总和"③。他还认为"人的本质是人的真正的社会关系，人在积极实现自己的本质的过程中创造、生产人的社会关系、社会本质"④。由此，社会关系总和是人的另一本质，体现着人与人的区别，也即人的具体本质或社会本质。在马克思看来，"人不是抽象的蛰居于世界之外的存在物。人就是人的世界，就是国家、社会"⑤，社会关系的复杂性决定了人区别于人的本质，正是因为人在社会中的不同位置显现了人的自身定位及人所独有的社会价值。只有在社会关系总和中综合考察，才能把握现实的、具体的、历史的人的本质。

综上所述，马克思主义哲学在充分批判继承前人的思想成果之上，唯物、辩证、历史地审视人的内涵，强调人是囊括自然性与社会性的多种规定性的统一，要深入认识人，必须从具体的、现实的人入手，自由自觉的实践活动是人区别于动物的本质，社会关系是人区别于人的本质，以此对人的本

---

①　中共中央马克思恩格斯列宁斯大林著作编译局. 马克思恩格斯全集（第1卷）[M]. 北京：人民出版社，1995：67.

②　中共中央马克思恩格斯列宁斯大林著作编译局. 马克思恩格斯选集（第4卷）[M]. 北京：人民出版社，1995：383.

③　中共中央马克思恩格斯列宁斯大林著作编译局. 马克思恩格斯选集（第1卷）[M]. 北京：人民出版社，1995：56.

④　中共中央马克思恩格斯列宁斯大林著作编译局. 马克思恩格斯全集（第42卷）[M]. 北京：人民出版社，1979：24.

⑤　中共中央马克思恩格斯列宁斯大林著作编译局. 马克思恩格斯选集（第1卷）[M]. 北京：人民出版社，1995：1.

质进行了全面解读。

2. 人本主义思想

对人自身力量及自身价值的深入理解与认识是探究师范教育价值取向中"人"的地位的前提。因此,除了对关于人的本质的理论进行梳理,还要归纳哲学中关于人的自身地位与价值的思想,而人本主义思想则集中体现了人对自身地位与价值的肯定。

从人本主义的发展阶段来看,春秋战国时期的诸子百家学说尝试将人作为独立的对象进行研究,其人本思想在人与自身、与外界的关系中呈现。在西方人本主义思想进程中,从古希腊到现代哲学分别对人的理性、自由平等、感性、非理性因素有不同侧重。马克思主义哲学建立了辩证唯物主义和历史唯物主义的"人本观",对如何认识人、发展人提出了历史的、全面的思想体系。

(1) 中国传统哲学中的人本思想

我国古代人本思想于春秋战国时期萌芽,其内容主要从人与自身、人与他人、人与社会、人与国家以及人与天地万物的相关论述中呈现。思想家们在人与自身的关系上,注重自身内在修养,以实现其理想人格;在人与他人的关系上,强调仁爱、泛爱众、兼爱天下,主张人与人之间的友好互助;在人与社会的关系上,强调约之以礼、无为,追求有序、和谐;在人与国家的关系上,主张民为国本、民重君轻,重视民众力量;在人与天地万物的关系上,否认了鬼神,强调人在天地之间的地位。

① 人与自身。

在人与自身的关系上,诸子百家都比较注重人自身内在的修养,以实现理想人格。

孔子人道思想的核心是"仁"。"仁"要升华为人的内在本质,则应通过"修己""成人"的过程。在此过程中,孔子强调人的主观能动性、自律及自我反思原则,即所谓"为仁由己,而由人乎哉""君子求诸己,小人求诸人""能见其过而内自讼",而"修己"的具体过程是"下学而上达"。在孔子看来,只有修己求仁到了一定程度,人才可能达到理想人格的境界。孔子将理想人格分为君子和圣人,君子指道德高尚的人,圣人则是理想人格的终极目标。

老子在人生观上主张"取法自然""人道无为"。老子所谓的"无为"是指不恣意妄为、顺其自然地遵从自然之法。在这种原则下,《道德经》提出了"人之生也柔弱,其死也坚强。草木之生也柔脆,其死也枯槁。故坚强者死之徒,柔弱者生之徒",肯定了柔中带刚的性格,主张谦虚、豁达、不争的人生态度。

庄子主张人生逍遥自由观。他指出:"天地之养也一,登高不可以为长,居下不可以为短"(《庄子·徐无鬼》)、"万物齐一,孰短孰长"(《庄子·秋水》)。在庄子看来,人性是自然的,这种自然是天赋的,因而人人都是平等的,进而他指出人应挣脱社会束缚,回归人的自然本性,达到逍遥和个性自由的最高境界,以实现"至人"。

②人与他人。

春秋战国时期诸子百家的思想非常重视人与他人关系的研究,儒家的"仁爱"、墨家的"兼爱",都体现了先秦思想家对友爱互助的人际关系的肯定。

在人与他人的关系上,儒家强调"仁爱"。孔子主张"仁者爱人"。《论语·颜渊》记载:"樊迟问仁。子曰:爱人。"由此可见,儒家之"仁爱"不仅包括爱己,更是超越了小爱而提倡"泛爱众"。孔子提出了三大"仁爱"原则:一是"克己复礼为仁",主张限制爱己而扩充爱人,以人律己;二是"孝悌也者,其为仁之本也",蕴含着爱有差等之意,强调爱人的亲疏远近关系;三是推己及人,正所谓"己所不欲,勿施于人""夫仁者,己欲立而立人,己欲达而达人"。孟子以"心"论"仁",将"仁"定义为"恻隐之心,仁之端也"。在孟子看来,"仁,人心也",指出"仁"即人心的本质属性,由此找到了"仁"的内在心理根据。在孔子的思想基础上,孟子进一步强调亲亲之情对于"仁"的重要性。孟子认为爱人首先是"爱亲","亲亲,仁也",并将"爱亲"扩展到"爱人",可见孟子的爱也是有差等,由亲及疏,正所谓"仁者无不爱也,急亲贤之为务"(《孟子·尽心上》)。

墨子强调人与人的团结互助,他主张"兼相爱,交相利"是最基本的道德伦理和社会理想。"兼爱"是"仁者"最高道德追求,区别于儒家提出的爱有差等,墨子的"兼爱"主张爱人无差等、爱人如爱己,唯有如此,才能达到"交相利"的目的，人民才能得以安定，社会才得以太平。与此同时，墨子将"爱人"与"利人"并重。墨子的道德理想就是兼爱天下，实现仁义，而他所谓的仁义就是谋取公众的利益，这种义利统一的思想反映了劳动人民之间相互友爱和互惠互利的传统美德。[①]

③人与社会。

春秋战国时期，儒家强调"礼"，道家崇尚"无为"。这既是个人必须遵守的行为准则，也是个人修养论的重要构成部分，还是人作为社会成员应遵循的社会规范，强调人与社会关系的有序与和谐。

儒家重视"礼"。孔子提出"不学礼，无以立""为国以礼"。他认为人要修身求仁，首先要学礼并约之以礼，才能由外在的约束转化为自觉的行为。孔子明确提出学礼、约之以礼和自觉地循礼行事三个即礼求仁的步骤，由此构成了孔子的修养论。[②]荀子认为"人道"最根本之处则是"礼"。在荀子看来，"礼"是一切社会最高规则，正所谓"礼者，人道之极也"。而"礼有三本"，其一为天地、其二为先祖、其三为君师，"三者偏亡，焉无安人"。

道家老子主张"无为"的社会观。老子认为"道常无为而无不为"，在人与社会的关系中，老子一以贯之地主张道法自然，遵从天道自然无为的必然趋势，不加以人为干扰。基于此，他提出"小国寡民"的主张，强调和谐、自然的社会关系。

④人与国家。

我国先秦时期各家关于人与国家关系的主张表现为治国为民、民为国本、民重君轻、维护民生民利等"民本"思想。"民本"思想要求统治者关注民众的利益，提高民众的地位，表达着"以民为本"的美好意愿。

儒家思想作为中国传统文化的精髓，"民本"思想是其重要内容。孔子提出"为政以德"，要求以道德原则治理国家，同时强调"百姓不足，君孰与足""因民之所利而利之"（《论语·颜渊》），直接反映了儒家的"富民"

---

① 孙鼎国. 世界人学史（第1卷）[M]. 石家庄：河北人民出版社，2003：194.
② 孙鼎国. 世界人学史（第1卷）[M]. 石家庄：河北人民出版社，2003：183.

思想，主张君主应重视人民利益，强调治国为民。《孟子·尽心下》指出，"民为贵，社稷次之，君为轻。是故得乎丘民而为天子"。孟子首次对人民、国家及王权的地位作了明确定位，将民的地位提升到新高度，指出民是国家稳定的基础，体现了鲜明的民重君轻、民为国本的观点。荀子深刻剖析了人民与君主之间的关系，他指出："君者舟也，庶人者水也；水则载舟，水则覆舟。"（《荀子·王制》）

道家老子推崇"小国寡民"，并提出了以"我无为，而民自化；我好静，而民自正；我无事，而民自富；我无欲，而民自朴"为核心的民本思想。这种强调"好静""无事""无欲"的朴素辩证思想，要求君王应该"爱民治国"，行"无为之治"，给予人民自我育化、自然发展完善的空间，回归社会于安定。而"圣人无常心，以百姓之心为心"的政治主张体现了老子"损有余而补不足"的朴素平等主义思想，是其"人人平等，社会公平"的理想社会的思想基础。

⑤人与天地万物。

在春秋战国时期，各大学派都提出了关于人与天地万物关系的观点，尽管具体内涵有所不同，但都否认了鬼神，尊重人在天地之间的地位。

儒家主张"重人事、轻鬼神"，孔子虽未完全否认鬼神，但对鬼神置而不论，即《论语·先进》中提到的"子不语怪、力、乱、神""未能事人，焉能事鬼"。这种思想在悬置鬼神之说的同时，强调以人事为重，更多关注人本身及现实的人生问题，建议将精力投向弘扬人道的事业中去。

儒家还提出"人贵"思想，认为"天地之性人为贵"（《孝经·圣治》），显示了人在天地万物中具有不可替代的地位。孔子在《礼记·礼运》中直接表达了对人地位的认识："人者，其天地之德，阴阳之交，鬼神之会，五行之秀气也。"他视人为天地万物之灵，将人看作世界的主体。孟子强调，"欲贵者，人之同心也。人人有贵于己者，弗思耳"（《孟子·告子上》）。他提出"天时不如地利，地利不如人和"（《孟子·公孙丑下》），将天、地、人三者相比较，更为重视人事。荀子指出了"人贵"缘由，即"水火有气而无生，草木有生而无知，禽兽有知而无义；人有气、有生、有知，亦且有义，故最为天下贵也"（《荀子·王制》）。

尽管儒家各派对"天"有着不同的理解，但都关注到了人的能动性。孔子敬畏天命，孔子的天命主要不是指天主宰人的生死寿夭、吉凶祸福、贫富贵贱，而是指天赋予人以某种东西：天赋予人以德及天赋予人以某种使命。① 孔子的天命观改变了人对天命无能为力的认识。孟子特别重视人心的作用，他指出："诚者，天之道也；思诚者，人之道也。至诚而不动者，未之有也；不诚，未有能动者也。"（《孟子·离娄上》）即通过"诚"而实现天人合一。荀子批判了殷周以来流行的唯心主义天命观，明确指出"天"是客观存在的自然界，他否定了"天"的种种神秘色彩，认为天作为客观存在物有自身规律，即"常道"，因而人应该遵循自然规律，即"天有常道，地有常数""天行有常，不为尧存，不为桀亡。应之以治则吉，应之以乱则凶"（《荀子·天论》）。与此同时，荀子也承认人改造、征服自然的能力，他指出："大天而思之，孰与物畜而制之！从天而颂之，孰与制天而用之！"（《荀子·天论》）

在道家思想中，道家秉持以自然之道来治理天下的观点，否定了鬼神及王权的作用。《道德经》系统地描绘了神、人、鬼的关系："以道莅天下，其鬼不神。非其鬼不神，其神不伤人。非其神不伤人，圣人亦不伤人。夫两不相伤，故德交归焉。"这改变了传统天命神学重天轻人、重神轻人的思想。

同时，在人与天地万物关系上，老子认为"道"是产生宇宙万事万物的根本，"天下万物生于有，有生于无"，老子"道法自然"强调自然的原本，把"道"凌驾于"天"之上，它所具有的无神论意义打破了长期居于意识形态统治地位的天神观念，将人从宗教神学的桎梏中解放出来。老子在《道德经》中提出了"域中有四大，而人居其一焉"的观点，指出人占有同天、地、道同样的位置，肯定了人的存在。在老子"道"的基础上，庄子提出"天人不相胜"的天人观。庄子认为人是自然的人，人与天合一就是与自然同类，即"天地与我并生，万物与我合一"。尽管庄子强调人要"自然无为"地适应自然，但却把个体价值与宇宙价值等同，将人的位置与"天"齐平，有助于人的意识的觉醒。

---

① 孙鼎国. 世界人学史（第1卷）[M]. 石家庄：河北人民出版社，2003：180.

在法家思想中，其代表人物韩非子直接否定了鬼神的存在。他认为鬼神是一种精神幻觉，而非现实中的存在。《韩非子·解老》描述道："凡所谓崇者，魂魄去而精神乱，精神乱则无德。鬼不崇人则魂魄不去，魂魄不去而精神不乱，精神不乱之谓有德。上盛畜积，而鬼不乱其精神，则德尽在于民矣。"

另外，在人与天地、自然的关系上，韩非子肯定人的主观能动性。韩非子认为人可以认识并利用客观规律，即"用万物之能而获利其上"（《韩非子·喻老》）。他还强调事在人为，表现出明显的重人、非命倾向，即所谓的"人有祸则心畏恐，心畏恐则行端直，行端直则思虑熟，思虑熟则得事理。行端直则无祸害，无祸害则尽天年。得事理则必成功，尽天年则全而寿，必成功则富与贵，全寿富贵之谓福"（《韩非子·解老》）。

总体而言，在中国古代的人本思想中，关于人本身的论述是比较有限的，人的意义或地位主要在人与他人、人与社会、人与国家、人与天地万物的关系中显现，表达着哲人对于自身理想人格的向往以及对仁爱、有序、礼仪之邦的美好追求。但是，由于时代局限性，"以阶级剥削和压迫为前提的经济基础和上层建筑，决定了它只是一种无法根本实现的政治空想"①。古代中国的人本思想并未超越封建思想，王权仍然远高于民众的权利，其本质上是有限度的"人本"，是在不影响社会稳定的基础上对"人"的适度解放，个人需要与地位依然掩盖于社会之下。也就是说，中国古代对于人的重视，更为关注人的社会成员身份，崇尚伦理、道德与礼数，强调人对于宗族国家的贡献，这对于个人修养与人际关系和谐有积极意义，但仍难以掩盖以社会为本、以伦理为中心的实质，表露出重群体轻个体的倾向。但不可否认，先秦时期的思想家在一定程度上意识到了人的存在与其地位的独立性，体现着那个时代的进步性，也促进着人本思想的进一步发展。

（2）西方哲学中的人本思想

西方的人本主义思想内容相当丰富，不同时期有不同的内涵，但人本主义对个人地位、价值、自由、平等以及个性的追求是不变的。纵观西方人本

---

① 高闰青."以人为本"理念及其教育实践问题研究［D］.兰州：西北师范大学，2008：40.

主义发展历程，可大致划分为五个阶段：确立人的存在的古希腊时期；将人从宗教神学中独立出来，对人重新"唤醒"的文艺复兴时期；强调理性及人权的人道主义时期；费尔巴哈的哲学人本主义时期；向非理性转向的现代人本主义时期。

①确立人的存在。

"人本主义"一词最早出现在近代，但其历史应追溯到古希腊时期。"在希腊思想家们看来，宇宙不再是那些神秘莫测、不可思议的集纳所，对这些力量的恐惧感越来越被一种要了解他们和为了人而利用他们的愿望所代替。"① 古希腊哲学研究重心开始从自然转向人，从而确立人的存在、注重人的精神、弘扬人的理性。

智者派普罗泰戈拉作出"人是万物的尺度，是存在者存在的尺度，也是不存在者不存在的尺度"② 的判断，标志着哲学史上对于人自身存在确立的开始。苏格拉底认为"作为思维者的人是万物的尺度"，肯定了人的理性，指出应注重人的内心世界，主张"拿每一个人的思维的普遍意识来代替神谕"③。同时，他把人的根本指向精神，精神深处的普遍灵魂即为善，善不仅是伦理关系，更是建立在知识和理性之上的，进而提出"美德即知识"的命题。柏拉图继承了苏格拉底关于人应注重内心及精神的观点，进一步指出人的本质是自在的心灵、灵魂和思维，认为人的心灵是认识事物的源泉："心灵包含着本质的东西在自身之内，为了要认识神圣的事物，人们必须把它从内心深处提到意识前面来，而意识的真正性质，就是回忆，深入自身就是把潜伏在我们内部的东西提到意识前面。"④ 亚里士多德是古希腊哲学的集大成者，他提出了"人是理性的动物"的著名命题，强调人的本质是理性，只有理性才可支配自己的行为及欲望并使其合乎道德。

古希腊时期哲学家对人的肯定是凭借着一种自然、朴素的信念，热衷于

---

① 张广智. 略论古希腊史学中的人本观念 [J]. 复旦学报（社会科学版），1987（1）：68－72.

② 罗素. 西方哲学史（上卷）[M]. 何兆武，译. 北京：商务印书馆，1963：111.

③ 黑格尔. 哲学史讲演录（第2卷）[M]. 贺麟，译. 北京：商务印书馆，1981：28.

④ 北京大学哲学系外国哲学史教研室. 西方哲学原著选读（上卷）[M]. 北京：北京师范大学出版社，1963：198－199.

对宇宙、自然和事物进行思维和考察，他们充分认可人的崇高价值，也意识到理智、精神的作用，相信人类基于理性就能够完全认识并把握外在世界，反映了人类最初对自我存在认识的萌芽。尽管这些思想是自然、朴素、直观的认识，尚未达到理性认识的高度，但却深深表达着那个时代哲人对"人"的敬意。

②对人的重新唤醒。

人的自我觉醒和"复活"是文艺复兴时期人文主义思潮的主要内涵。西方著名文化史学家布克哈特曾经指出："文艺复兴发现外部世界之外，由于它首先认识和揭示了丰满的完整的人性而取得了一项尤为伟大的成就。"①基于长达千年的中世纪的压抑，宗教神学宣扬原罪和救赎，否定人的尊严与地位，文艺复兴在反对宗教神学的斗争中发展起来，直接表现为对古典文化的复兴，以吸取古希腊时代的文化精髓为武器去对抗并冲破封建制度和宗教神学对人的束缚。文艺复兴重新唤起了人自身的力量，高扬人的自身价值，肯定现世幸福，崇尚个人解放与自由。

文艺复兴提倡古希腊、古罗马文化复兴，并通过唤醒人类自我价值的方式来抨击神学。

首先，人文主义强调人文科学。文艺复兴运动主要借助古典文学作品及世俗文学来抨击蒙昧主义，对抗并冲破封建制度和宗教神学对人的束缚，重新肯定人的现实价值。人文主义者大力推崇古希腊、古罗马文化及世俗文学，此时的人文主义文学一改中世纪以来惯用的拉丁文，而采用各民族语言写作，其内容具有更加鲜明的民族特点，充满爱国情绪，注重写实、宣扬人性。比如彼特拉克的《歌集》突破了宗教神学所主张的禁欲主义的禁锢，颂扬追求个人幸福的人文主义精神。薄伽丘的代表作《十日谈》深刻揭露了封建贵族的罪恶、教会的腐化和教士的荒淫，同时塑造了新兴资产者的形象，歌颂个人所拥有的聪明才智并肯定个人的现世爱情。其次，人文主义强调与宗教神学对立的人的自身价值。此阶段在古希腊时期人本之思的初期形式基础上，进一步确立了人的主体地位，把人对神的崇拜转向对自身的崇尚，具

---

① 布克哈特. 意大利文艺复兴时期的文化［M］. 何新，译. 北京：商务印书馆，1979：302.

体表现在以下几个方面：

第一，反对神学，强调人是世界的中心。中世纪宗教利用宗教神学及封建等级观念淹没了人类自身意义，人文主义者为对抗这一现象将人置于最高地位，高度歌颂了人的价值和伟大，主张人不分阶层且均享有共同利益和权利，将人看成认识和改造世界的主体。莎士比亚曾写道："人是多么了不起的一件作品。理性是多么高贵。"①

第二，高扬理性，尊重科学。文艺复兴的"理性"主要是指知识或智慧，强调用人的理性作为反对宗教神学的思想武器，同时重视理性与自然科学的联系以武装头脑，提高人的创造能力。如彼特拉克提出以"人的学问"代替"神的学问"，拉伯雷在《巨人传》中突出了"使人的灵魂充满真理、知识和学问"的主题，无不体现着文艺复兴对知识、理性、科学的追求与向往。在此背景下，这一时期的自然科学得到了蓬勃发展。

第三，反对禁欲主义，肯定现世幸福。针对神学对人们现世欲望的抑制，人文主义者强调现世生活中的欲望及需求是其行为及精神的前提，肯定了人世俗的、感性的欲望的合理性，认为人的幸福不应寄情于来世，而应把握真实的现世生活世界。正如彼特拉克所说："我自己是凡人，我只要求凡人的幸福。"

第四，崇尚个性解放与自由。为了扭转神学对人性的禁锢，人文主义者大力提倡人的主体性与个性，强调每个人都有充分自我发展的权利，以实现人的自由和解放。例如拉伯雷将自由视为人的本性，认为个人解放是人本主义思想的核心。拉伯雷在《巨人传》中力求建立一个"理想社会"，虽然带有一定理想化色彩，但他所强调的以理智和智慧实现个人自由及解放的观点对人的全面发展具有启发意义。

尽管文艺复兴从本质上来讲是一场反映新兴资产阶级要求的欧洲思想文化运动，但人文主义围绕反宗教和反神学而展开，要求用人性代替神性，打破了传统价值体系。这不仅光复了古希腊古罗马时期思想中"人"的地位，实现了人对自我价值的肯定，而且把古希腊时期的观念层面的人本主义真实

---

① 莎士比亚. 哈姆雷特［M］. 卞之琳，译. 北京：人民文学出版社，1958：67.

地落足到社会实践上，推动着宗教改革运动，也促进了当时文学艺术、自然科学、经济学、哲学等领域的发展，使"人"真实地被"唤醒"了。

③追求人的理性与人权。

随着资本主义生产关系的确立、发展及自然科学的进步，18世纪启蒙运动的人道主义对文艺复兴时期的人文主义进行了延伸。如果说文艺复兴时期的人文主义着力于人脱离神的束缚，那么18世纪启蒙运动则主张把人从等级的社会制度中解放出来。启蒙运动把文艺复兴时期的人文主义往前推进了一大步，表现为从理论高度论证了理性的权威，并从人权出发，倡导自由、平等、博爱等思想。具体而言：

一是强调理性。18世纪法国启蒙运动时期的人道主义将理性看成人的主要特征，是衡量一切的尺度。康德指出启蒙运动的目的就在于加速人们理性的觉醒，以与专制愚昧斗争。他提出人是自然立法，将"客－主"关系转变为"主－客"关系，确立人在自然界和社会中的中心位置。在此基础上，康德认为人类理性之法的目标包括自然和自由，知识是理性的基本目的，道德是理性的最高目的，人之为人的唯一体现在于他自由的道德实践。费希特认为理性的人能够按照自身固有的规律驾驭非理性的东西。此时的理性，区别于文艺复兴时期的理性，是启蒙运动思想家为反击宗教蒙昧主义与封建专制对人性的压抑，以倡导理性来开启人类的理智。同时，理性是与感觉、直觉等不同的一种认识或认识能力，强调科学理性对认识和改造世界、建立"理性王国"的作用。

二是高举人权旗帜。启蒙运动时期的思想家针对封建等级制度对人性的禁锢，提出"天赋人权"的思想，强调平等与自由。

首先，强调人在自然权利方面人人平等，这种自然权利是自然赋予的，是不可割让的。18世纪思想家看到当时的社会存在着未能满足每一个人的需要的不平等现象，但这并不能改变人拥有自然权利的公正性，即每个人在享受幸福生活的权利和机会方面是平等的。[①] 卢梭认为："人生来就平等，社会有了私有制才使人不平等，从而现在有主人和奴隶，有文化和没有文

---

① 亢安毅. 人的全面发展研究［D］. 北京：中共中央党校，2004：25.

化，有富有者和穷人。"① 霍尔巴赫提出人间的法律只有当它符合我的法律时才是公正的，"我的法律"指自然规律，在霍尔巴赫看来，"我"指代每一个人，由此人拥有平等的自然权利成为可能。

其次，高扬人生而自由的观点。卢梭指出，人的自然本性就是自由，他说："这种人所共有的自由，乃是人性的产物。人性的首要法则，是要维护自身的生存，人性的首要关怀，是对于其自身所应有的关怀，而且，一个人一旦达到有理智的年龄，可以自行判断维护自己生存的适当方法时，他就从这时候起成为自己的主人。"② 与此同时，他也指出人是生而自由的，但却无处不在枷锁之中，因此人应遵循自然法则，正确运用自由。康德将自由问题视为人学思想的核心，人的天赋人权是每个人与生俱来的自由权，自由显示了人格的无比尊严与崇高。他提出人是"自身立法"的观点，呼吁人超越现象自然的必然走向自我的自由。

启蒙运动为抵制封建等级制度而高扬理性、崇尚人权，从而人的地位、尊严和价值得到前所未有的重视。尽管人道主义从根本上来看具有鲜明的政治色彩，代表着资产阶级的利益，借理性为资产阶级利益辩护，用"主权在民"反对"君权神授"，但无不体现着人类捍卫自身权力的诉求。

④从哲学的高度论证人。

费尔巴哈批判了宗教神学，建立了人本唯物史观，从哲学的高度论证了人。其一，揭示了宗教的本质是人的本质的异化，宗教崇拜是一切不幸的源泉，从而应以人为中心的"爱"来代替以神为中心，实现人性归复，重建人在世界中的主体地位。其二，强调人的自然性和感性，主张以自然为基础的人代替以往精神的、抽象的人。由此，费尔巴哈人本唯物主义将人作为哲学研究的最高对象，指出人是世界上最根本、最本原的存在，人是世界上最高的价值，人是人的最高本质，人的本质在人本身。尽管费尔巴哈"没有看到真实存在着的、活着的人"③，但他把人的问题置于唯物主义的立场上，其

---

① 梯利. 西方哲学史 [M]. 葛力，译. 北京：商务印书馆，1995：390.
② 卢梭. 社会契约论 [M]. 何兆武，译. 北京：商务印书馆，2005：5.
③ 中共中央马克思恩格斯列宁斯大林著作编译局. 马克思恩格斯全集（第3卷）[M]. 北京：人民出版社，1979：5.

理论贡献是巨大的，并为马克思主义人学的提出奠定了基础。

⑤向人的个体非理性转向。

西方近代人本主义哲学高扬理性的权威导致理性价值的无限扩张，人的主观性、情感、本能、直觉等非理性因素被彻底排斥，人成为一种抽象意义的存在。现代人本主义与理性主义渐行渐远，认为"理性不过是人为的虚构，无论如何严密都是僵硬的东西。这些僵硬的东西不能表达现实中活动的人，它只能表达物质外在的方面，是人们获取物质利益的工具"①。由此，现代人本主义在反唯物主义、反理性主义的基础上重新理解人的本质，强调人的非理性因素，主张关注直觉、感受、本能、欲念、生命冲动等方面的诉求。

以叔本华为代表的德国唯意志论哲学沿袭费尔巴哈的自然主义思想，把人的本质归结为生存意志或权利意志，认为传统哲学的弊端在于它忘记了人是包括肉体、活动、意志和情感在内的完整的存在，由此要求关注人的个体生命、本性及本能的诉求。尼采在继承叔本华的意志主义基础上强调以突出自我的超越性、创造性为核心的强力意志，把个体及其丰富的个性提到首位。

生命哲学代表柏格森认为世界的本源是"生命冲动"，是一种客观规律所制约的"创造意志"及一种非理性的、不可分割的"生命之流"，直觉才是把握生命之流的唯一途径，是认识事物的根源所在，从而应注重直觉，强调个人的体验、情感和意志。

弗洛伊德认为人是"性本能"的动物，人的思想根源不是理性，人的行为也不是由理性思维所支配。他指出人是无意识的，人的行为都是本能的，本能与无意识是人思想和行为的基础。弗洛伊德的性本能观点提醒人们"理性是靠不住的，人不是理性的产物，而是'性'的产物；人的行为和思想不受理性支配，而是受性本能支配的"②。他开创的精神分析学派着重研究人的本能、潜意识等非理性因素，力求以科学的眼光去透视人，拓宽了人类认识自我的新视野。

---

① 陈晓明. 西方人学理论的基本走向［J］. 学海，2001（1）：150－154.
② 见君. 理性之梦［M］. 北京：中国社会出版社，2005：114.

现象学家胡塞尔认为哲学的研究对象绝非抽象实体，而是纯粹意识现象，要认识意识现象的本质，只能由主体直接体验，利用非理性方面的认识并"悬置"一切外在传统。

存在主义以萨特为代表，强调个性、独立自主和主观经验。在萨特看来，人的存在先于本质，人类本性并不是从来就有的，而人的本质及特征都是后来由主观性自行选择和造就的，这就要求人有绝对的自由，强调个性的自由发展，尊重个人的情感与抉择。这是最早对于本质主义的颠覆。

马斯洛以人性与科学、认知与价值的整合统一为基点提出了科学人本主义思想。马斯洛对人的个体生存状况和情感意志给予更多的关注，提出理想的人性结构学说，即需要层次理论。他认为人在低级生理需要得到满足后就会产生自我发展的高级需要，只有存在于这种最高精神状态，才能最真实地占有人的本质。

有别于 19 世纪中叶无限放大非理性作用的趋势，20 世纪文化人本主义的哲学学派，试图从文化的角度探究人的理性和非理性的统一，预示着对人的认识路径的合流。卡西尔认为，把人的本质定义为理性的古典方式在面对文化的丰富性与多样性时，是难以解释人的根本性存在的。理性虽然是人的一个主要的能力，但是将理性理解为人的本质属性，缺乏对人自然天性的陈述，也缺乏对人情感的表达。他提出，创造和使用符号是人的本性，因此应当把人定义为符号的动物来认识，只有这样"我们才能指明人的独特之处，也才能理解对人开放的新路——通向文化之路"①。马克斯·舍勒试图从生命和精神两个方面揭示人的本质，从而确定人在宇宙中的地位。他认为人们固然可以把理智和选择能力作为人和动物相区别的主要标志，但这并不是人的本质。人的活动应该是生命与精神互相补偿的过程，通过不断促进"生命精神化"和"精神生命化"，达到完整的人：既是生命的人，又是精神的人。

现代人本主义的这一转向尽管夸大了非理性的作用，但对个人主体的非理性因素的强调有助于克服理性主义的片面性，同时也进一步肯定了个人意

---

① 卡西尔. 人论［M］. 甘阳，译. 上海：上海译文出版社，2004：37.

义，奠定了人的本质力量向内求索之路，开启了具有开创性的人学研究的新方法、新视野。

综上所述，纵观西方人本主义思想发展历程，不同时期有不同的表现形态和内涵。总体而言，西方人本主义的共同旨归就在于颂扬个人的价值和意义，肯定个人的尊严和权力，追求个人的自由、平等和幸福。尽管人本主义思想在一定程度上抽离了社会及历史发展，抽象化了人的价值，也片面夸大了人的主体性作用，但在具体时代局限下，以对人自身的赞美来抨击外力对人性的扭曲和束缚无疑是具有进步性的，真实表现出人类对自身价值体认、反思与探索的历程。

3. 人的发展观

人的发展观是关于人的理想价值及样态的陈述，是人的发展应追求的终极目标。从马克思主义哲学中人的自由全面发展观着手进行梳理，有助于为深入剖析师范教育中"人"的根本价值诉求奠定基础、提供依据。

19 世纪，资本主义取得了前所未有的进展，然而在私有制、机器大工业形态如火如荼发展的同时，工具理性的弊端逐渐显现，造成了人的不自由、不全面、不平等问题。针对这一现象，马克思在人的发展阶段论的基础上，提出了人的自由全面发展观。

"每个人的全面而自由的发展"是马克思主义的最高命题或根本命题。马克思主义哲学在深度上强调人的自由发展，在广度上注重人的全面发展，人的自由发展和人的全面发展紧密相连，构成了马克思人的发展观的两个方面。人类的理想社会——共产主义社会，就是"自由人的联合体"，是"以每个人的全面而自由的发展为基本原则的社会形式"①。自由发展是人发展的核心，而全面发展是人自由发展的基础，是人各项本质力量的展示，也是人的才能在广度上的发展体现。只有人的本质力量在一定的广度上全面地提升，人的自由发展才有保障，才能真正实现。同时，马克思揭示了人类社会的理想阶段是由自由全面发展的人所组成，人的"自由个性"这一终极目标

① 中共中央马克思恩格斯列宁斯大林著作编译局. 马克思恩格斯全集（第 23 卷）［M］. 北京：人民出版社，1972：649.

在理想社会终将实现。因此，要深刻认识马克思主义哲学的人的发展理论，应从人的发展阶段、人的自由发展与人的全面发展等维度来理解。

(1) 人的发展阶段

马克思认为人是社会的主体，人的实践活动创造了社会。人的实践活动将人与世界真实地联系在一起，促进了人的社会化，同时人的发展与社会发展也处于相同的历史进程中，"人在积极创造实现自己本职的过程中创造、生产人的社会联系、社会本质"①。马克思将人类社会分为自然经济、商品经济和产品经济三个阶段，相应的，人也经历了"人的依赖""物的依赖"和"自由个性"三个发展阶段。"人的依赖"阶段，社会生产力极其落后，人的需求及其实现形式都呈现出以延续生存为目的的"自然化"特征。由于缺乏分工，人的活动全面，但是人的发展却缺乏个性与自由度。"物的依赖"阶段，社会生产力发展迅速，社会分工精细，人的需求更加丰富，物质和精神需求主要通过商品交换实现，人的发展更加强调主观能动性，但是受制于精细分工而表现出一定的片面性，人的社会关系转化为物的社会关系。商品交换中结成的社会关系呈现出人与人之间"物的依赖性"，这种受制于科技、商品和货币等物态的人性缺乏独立性。"自由个性"阶段，"人的全面发展和他们共同的社会能力成为他们的社会财富这一基础上的自由个性"②。这一阶段人的发展内涵包括"真正的丰富的需求""全面自由的活动""无依赖的社会关系"和"自由个性"等特性。

(2) 人的自由发展

人随着社会的发展，其社会关系、生产关系也发生着变化，人也在与自然、社会和他人的交往中，不断地摆脱自然与当下社会的束缚，力图从受控制的"必然性"走向"自由性"，张扬人性。

马克思将人的自由发展作为人的发展观的核心思想，也是其社会发展理论的最高价值追求和社会发展的最终目标指向。马克思在《1884 年经济学

---

① 中共中央马克思恩格斯列宁斯大林著作编译局. 马克思恩格斯全集（第 42 卷）[M]. 北京：人民出版社，1979：24.

② 中共中央马克思恩格斯列宁斯大林著作编译局. 马克思恩格斯全集（第 46 卷上）[M]. 北京：人民出版社，1979：104.

哲学手稿》中指出："一个种的全部特性、种的类特性就是在于生命活动的性质，而人的类特性恰恰就是自由的自觉的活动。"① 同时，马克思也认为"代替那存在着阶级和阶级对立的资产阶级旧社会的，将是这样一个联合体，在那里，每个人的自由发展是一切人的自由发展的条件"②。这明确了人的自由发展不是模糊的人类整体的发展，不是人的抽象发展，而是以社会现实中鲜活的个体的人为主体的自由发展，指向个体的独立人格、创造性、个性、生命的平等性等不受阻碍的发展，由此实现个人的自我完善，最终以"自由人的联合体"的方式达成人类的自由发展。

（3）人的全面发展

马克思在论述自由发展和全面发展的关系时指出，要使这种个性成为可能，能力的发展就要达到一定的程度和全面性。人的全面发展是马克思关于人的发展理论的另一个重要方面，是人自由发展实现的基础，与自由个性的实现息息相关。在马克思看来，全面发展的人是摆脱"人的依赖"和"物的依赖"的人，在全面的基础上自由发展，即可达到"人以一种全面的方式，也就是说，作为一个完整的人，占有自己的全面的本质"③ 的状态。人的全面发展要从以下三方面来理解。

首先，人的全面发展是个性的全面解放。人的全面发展是人本质力量的发展，是人自然进化的各方面潜能和社会化进程中各方面能力的全面发展，是个性的全面解放。人的全面发展体现出由人"自由的自觉的活动"引发的个体所具有的独特个性的人格、素养和能力"不受阻碍地发展"，是人自然性和社会性的全面发展，是人身体与精神的全面发展，是人需要和能力的全面发展。

其次，人的劳动是人全面发展的重要内容。人作为社会生产关系的总和，是社会关系中的劳动力，其劳动能力是人认识世界、改造世界的能力的

①　中共中央马克思恩格斯列宁斯大林著作编译局. 马克思恩格斯全集（第42卷）［M］. 北京：人民出版社，1979：24.

②　中共中央马克思恩格斯列宁斯大林著作编译局. 马克思恩格斯选集（第1卷）［M］. 北京：人民出版社，1995：294.

③　中共中央马克思恩格斯列宁斯大林著作编译局. 马克思恩格斯全集（第46卷上）［M］. 北京：人民出版社，1979：113.

基础，是人一切发展的基础，是满足自身需要的行动基础。马克思认为人的劳动是体力和智力的总和，人的劳动包含身体与精神的有意识的实践活动，是人全面发展的重要内容。

最后，人的全面发展是人的自然性发展与社会性发展的统一。自然性发展是人得以生存的基础，全部人类历史的第一个前提无疑是生命的个体存在，自然性发展是人发展的前提。社会属性是人的根本属性，人的全面发展以其社会关系的发展为主要特征，人的全面发展也是"社会的人的一切属性"的发展，在社会关系中"每个人都无可争辩地有权全面发展自己的才能""个人的全面性不是想象的或设想的全面性，而是他现实关系和观念关系的全面性"①。人的全面发展要求人与自然与社会的和谐统一，和谐统一的全面性才是个人真实发展的全面性。

总体而言，从马克思的发展观来看，"自由是全部精神存在的类的本质"，人的自由发展是核心，全面发展是前提，人的发展越全面，其自由度就越高，反之亦然。人的自由全面发展的终极目的即"自由个性"的实现。马克思认为"未来新社会的本质特征就是建立在个人全面发展和他们共同的社会生产能力成为他们的社会财富这一基础上的自由个性"②。"自由个性"是马克思主义中人的个性发展的最高境界。马克思指出在人发展的第三阶段，"人终于成为自己的社会结合的主人，从而也就成为自然界的主人，成为自身的主人——自由的人"③，只有在这样的条件下，"自由的人"的各要素，包括身体、智力、能力、情感、兴趣、性格等各方面都实现着自由全面发展，层次丰富且极具深度。

综上所述，从哲学层面来探究人的本质以及人本主义思想，为人的全面解析提供了理论支撑，从而确立了认识师范教育价值取向中人的立场的基础。首先，前人对人的本质的单向度认识割裂了人的完整性。人并非某种属

---

① 中共中央马克思恩格斯列宁斯大林著作编译局. 马克思恩格斯全集（第46卷下）[M]. 北京：人民出版社，1980：36.

② 中共中央马克思恩格斯列宁斯大林著作编译局. 马克思恩格斯全集（第46卷上）[M]. 北京：人民出版社，1979：104.

③ 中共中央马克思恩格斯列宁斯大林著作编译局. 马克思恩格斯选集（第3卷）[M]. 北京：人民出版社，1995：760.

性的绝对存在物，而是多重属性的存在物。对人的理解不仅要回归物质与精神、理性与感性以及各种人的内在需求，还要关注人与社会的互动关系、人的社会属性。深入研究马克思主义哲学中人的本质及人本思想，有助于本书从整合的、辩证的视角来把握人的本质属性"构成"，明确人的需要体现在个人发展和社会发展的融合之上，从而避免师范教育价值取向中绝对的个人本位或社会本位倾向。其次，人本主义思想宣扬了个人的价值和意义，而马克思主义哲学中人的发展思想则指明了人对社会的推动作用及人的理想发展样态，为确立人的主体地位、明确人的存在方式及发展需要奠定了理论根基，进而有助于论证师范教育价值取向观念层面中师范生核心价值的合理性，以及师范生的存在方式、需要的应然样态。

（二）人与社会的关系

师范教育价值取向的演变历程中，长期存在社会取向与个人取向之间的拉扯，从某种角度来讲，师范教育价值取向的不足源于对二者关系的认识和理解不全面。要弥补当前师范教育价值取向上的不足就必须准确地把握人与社会关系的演变，厘清人在社会中的定位。必须指出，这里的人是个体的人，是马克思所说"是一个特殊的个体，并且正是他的特殊性使他成为一个个体，成为一个现实的、单个的社会存在物"①。社会由人所创造并构成，人也生活于社会之中，二者难以截然分开，但也总是保持着一定的距离。对人与社会地位的认识，不能偏颇地站在人或社会的任何一方，而应客观梳理人与社会的关系，剖析其中的内在逻辑。

1. 整体主义关系

传统社会是以"人的依赖关系"为特征的社会，其生产力低下，每个人都从属、依附并服从于整体，个人被理所当然地视为整体的一部分。强调统一的整体主义关系主导着传统社会的价值观念，剥夺了人的自主性。

原始社会，受到生产力和生产方式的限制，人在自然面前无能为力，个

---

① 中共中央马克思恩格斯列宁斯大林著作编译局. 马克思恩格斯全集（第 42 卷）［M］. 北京：人民出版社，1979：123.

人只有在群体中才得以生存，以"同其他人的自然血缘联系的脐带为基础"①。此时，人与社会处于原始混沌的统一状态，初步形成了整体主义关系。

在古希腊和古罗马时期，尽管前文对人本思想的梳理中已提到此阶段人本意识萌芽，不少哲学家开始关注人的精神，弘扬人的理性，确立了"人"的存在，但就人与社会关系而言，仍是整体主义占主导，崇尚个体对整体的归属关系，个人依存于社会。比如苏格拉底曾论述道，人的根本任务在于追求普遍和绝对的善，唯有如此，才能保证城邦的团结有序。柏拉图认为整体的所有部分各居其位并为整体的善服务。基于此，他在《理想国》中描绘了一个由"哲学王"来统治的权力高度集中的共和国。黑格尔曾评价道："柏拉图所关心的是他的共和国，他所关心的是一个理想的国家，'至于那个个人只不过是手段而已'，他和这样一个人建立关系，只想通过他来实现自己的理想国，那个个人乃是无足轻重的。"② 亚里士多德认为"人天生是一种政治动物"，强调个人隶属城邦，充分体现了政治整体主义的特点。可见，这一时期"独立于社会的个人是不存在的，个人的本质是'在某一个共同体'之中，除非为城邦而战，个人生命的其他价值则被共同体的政治利益遮蔽了"③。

中世纪，在宗教神学的控制下，王权与教权联合压制人民，人性被彻底否定，没有丝毫独立和自由可言，人与社会的关系愈发白热化。"此阶段，基督教教义中的禁欲主张和仁爱说教不仅为整体主义提供了基础，而且它所提倡的'顺从'原则不仅是要人们做上天之神的仆人，同时还要服从人世间的君主，因为后者的权威来自神，是神的旨意的体现。"④ 美国学者梯利曾说："在中世纪，权威、恭顺和服从这些字眼是生活词汇中的重要名词，权

---

① 中共中央马克思恩格斯列宁斯大林著作编译局. 马克思恩格斯文集（第5卷）[M]. 北京：人民出版社，2009：97.

② 黑格尔. 哲学史讲演录（第2卷）[M]. 贺麟，译. 北京：商务印书馆，1960：273.

③ 章海山，罗蔚，魏长领. 斯芬克斯现代之谜的破解 [M]. 广州：中山大学出版社，2009：6-7.

④ 刘晓红. 整体主义与个体主义之争：西方哲学的一条重要线索 [J]. 学术界，1999（6）：5-10.

威和传统高于舆论和个人的良知，信仰高于理性，团体高于个人，等级高于人类。"①

2. 对整体主义关系的突破

随着文艺复兴、启蒙运动以及德国古典哲学的发展，人的本质力量与地位受到重视，尽管此阶段仍保留了些许整体主义的意味，但总的来说，有生命、有欲求、有理性、有人权的"人"开始显现，哲学家们对人的地位与价值展开了更加深入的思索。

欧洲文艺复兴的人文思想推动着个人逐渐摆脱上帝的阴霾以及宗教神权和世俗权力、等级制度的控制，人的现世生活及物质欲求的合理性得到认可，个人的解放与自由受到推崇。比如以彼特拉克、薄伽丘、拉伯雷等为代表的人文主义者，其文学作品表现出对教会、封建贵族罪恶的揭露与批判，肯定人追求现世幸福、市民生活的权力，以及对知识、理性、个人自由的向往，极大地冲击了长期占统治地位的整体主义思想，显示了人性的光芒。

为摆脱神权和王权的束缚，17 到 18 世纪的启蒙运动思想家尝试以天赋人权、社会契约等思想将人从国家、社会中分离出来，人与社会的关系得到实质性的突破并掀开了新的历史篇章。霍布斯认为人生而平等，并最早提出社会契约论。洛克在霍布斯的基础上论述了个人、社会与国家的关系。在他看来，个人先于社会存在，个人为获得更大的利益与他人交往进而形成社会。为了保护人的自然权利，即人的生命、财产和自由不受侵犯而成立政府，这是政府的基本任务。而为了限制政府权力，政府应当是有限、分权和法治的。卢梭主张天赋人权、人民主权和社会契约。他在《社会契约论》中指出，私有财产和不平等占有关系打破了人们最初的自然平等状态，而要消除这一罪恶之源，就要进行社会变革，必须"要寻找出一种结合的形式，使它能以全部共同的力量来卫护和保障每一结合者的人身和财富，并且由于这结合而使每一个与全体相结合的个人又不过是服从自己本人，并且仍然像以往一样的自由"②。卢梭认为社会契约应该是人民同由人民自己组成的政治

---

① 梯利. 西方哲学史 [M]. 葛力，译. 北京：商务印书馆，1995：182−183.
② 卢梭. 社会契约论 [M]. 李平沤，译. 北京：商务印书馆，2001：23.

共同体缔结契约。

德国古典哲学的发展充分体现了整体主义与个人主义的斗争。康德强调人是目的而非手段："每个有理性的东西都须服从这样的规律，不论是谁在任何时候都不应把自己和他人仅仅当作工具而应该永远看作自身就是目的。"① 在他看来，人的天赋权力就是与生俱来的自由，自由意志是作为道德本体的人自己支配自己，自己为自己立法。"显然，康德所关注的，是人的内在的动机和自主性，而不是外在规范约束和行为的社会后果。这种伦理观点的实质无疑是个人主义的。"②

在个人与群体关系上，康德认为个人自由与群体自由并不矛盾，国家的基本法则应建立在自由的三条原则之上，即"人作为社会的一份子是自由的；人作为社会中的臣民，彼此之间是自由的；人作为社会这个普遍政体中的公民，都是独立的"③。黑格尔虽然肯定个人的自主性，也辩证地将人与社会的关系放置于市民社会与国家的关系中进行了解读，但是在最终归属问题上，他认为由于国家是客观精神，所以个人本身只有成为国家成员才具有客观性、真理性和伦理性，个人不仅应该服从国家，还有义务为国家而牺牲个人的"偶然的个体性"④。黑格尔的思想体现着国家主义或者说国家至上的价值取向，保留了整体主义的意味。

3. 对制度化新型社会的反思

19 世纪，欧洲大陆工业资本主义兴起，制度化新型社会关系对人的异化问题凸显。这一时期的思想家纷纷批判制度化新型社会对个人的抑制，强调人性以及人与社会的关联性。这些观点在马克思、韦伯、杜威的思想中有丰富体现。

马克思的"三阶段论"反映了个人与社会关系的发展历程。在以"人的依赖关系"为特征的传统社会，个人受群体的支配，个人附属于社会。在以

---

① 康德. 道德形而上学原理 [M]. 苗力田，译. 上海：上海人民出版社，1985：86.
② 刘晓虹. 整体主义与个人主义之争：西方哲学的一条重要线索 [J]. 学术界，1999：5—10.
③ 孙鼎国. 世界人学史（第 3 卷）[M]. 石家庄：河北人民出版社，2002：102.
④ 黑格尔. 法哲学原理 [M]. 范扬，译. 北京：商务印书馆，1961：254，340.

"物的依赖"为特征的资本主义社会，人有了地位，但被私有制社会所异化。在这种"完全虚幻的共同体"中，其"虚幻"主要体现在，这类"共同体"所体现的并非全体社会成员的共同利益，而是居于共同体中心地位的"特殊阶级"压迫其他阶级的利益诉求，是大众阶级的"新的桎梏"，在其中个人独立无从谈起。马克思指出资本主义像之前的私有制社会一样具有历史暂时性，"扬弃这种社会和否定在这种社会中的身份规定才能实现人的本质的真正回归，实现人类的解放和人的全面自由发展"①。也就是说，只有进入真正的共同体，即共产主义社会，个人才是社会发展的目的，社会是个人自由的条件，人才能实现自由个性、全面发展，成为真正的主体，实现个人与社会的双重发展。

　　就人与社会关系而言，马克思认为个人超越社会和历史的事实层面而成为社会历史进程的主体。首先，马克思以个人为其思想的逻辑起点②，强调人的独立地位，他指出"全部人类历史的第一个前提无疑是有生命的个人的存在""整个历史也无非是人类本性的不断改变而已"③"人们的社会历史始终只是他们的个体发展的历史"④。其次，马克思在承认人的社会性基础上也承认人的能动性，"自由的有意识的活动恰恰就是人的类特性"⑤，人有意识的活动使人可以改变社会和历史，"人是历史的剧作者，又是历史的剧中人"⑥。人受到社会关系的制约，但人也是推动社会进步的直接力量，从这一意义上说，历史和社会也可以是人的"作品"，表明了人在价值论立场上相对于自然、社会或历史的优先地位。⑦

---

　　① 张曙光. 谈马克思对人与社会关系三重关系的界说 [J]. 社会科学辑刊，1996（3）：5－10.

　　② 李荣. 马克思探讨个人与社会关系问题的三重逻辑 [J]. 东岳论丛，2012（8）：12－18.

　　③ 中共中央马克思恩格斯列宁斯大林著作编译局. 马克思恩格斯选集（第1卷）[M]. 北京：人民出版社，1995：67，172.

　　④ 中共中央马克思恩格斯列宁斯大林著作编译局. 马克思恩格斯选集（第4卷）[M]. 北京：人民出版社，1995：532.

　　⑤ 中共中央马克思恩格斯列宁斯大林著作编译局. 马克思恩格斯全集（第3卷）[M]. 北京：人民出版社，2002：273.

　　⑥ 中共中央马克思恩格斯列宁斯大林著作编译局. 马克思恩格斯选集（第1卷）[M]. 北京：人民出版社，1995：8.

　　⑦ 李荣. 马克思探讨个人与社会关系问题的三重逻辑 [J]. 东岳论丛，2012（8）：12－18.

同时，马克思也认为，人是社会的人，社会是人的社会，没有人的社会只能是"虚幻的共同体"，离开社会的人是"想象中的鲁滨逊"①，二者应是相互依存与促进的关系。一方面，个人与社会是一致的，人和人的活动与社会和历史之间，从来都是被看成内在统一的。"社会本身即处于社会关系中的人本身。"②"个体是社会存在物。因此，他的生命表现，即使不采取共同的、同他人一起完成的生命表现这种直接形式，也是社会生活的表现和确证。"③另一方面，个人与社会之间是相互促进、双向互动的。人通过实践活动主动建构并推动社会进步，社会基于自身发展规律及水平又反过来规范人的发展方向，保障人的发展可能，"正像社会本身生产作为人的人一样，社会也是由人生产的"④。

韦伯认为人与社会是互动影响的。一方面，韦伯提出社会是人存在的"场"。他批判了官僚制，指出新的社会秩序影响了人性发展。西方"入世禁欲主义"新教伦理对资本主义社会的影响在于"官僚制的专门性、职业性、法制性、等级性使官僚们不得不按照理性的法则，按部就班地执行命令，不得感情用事、不得任意发挥个人的自主性和创造性，这限制了他们的人身自由和能力的全面发展"⑤。这种制度培养了一批"没有灵魂的专家"，造成完整的人性被割裂。所以在韦伯看来，"官僚制发展愈是完美，就愈'非人性化'，换言之，亦即更成功地从职务处理中排除爱、憎等一切纯个人的感情因素，以及无法计算的，非理性的感情因素"⑥。另一方面，韦伯认为人是社会行动的主体，人通过价值观念影响社会，尤其当个体的价值观念社会的主流意识时这种作用会更明显，而观念与社会的链接桥梁即是实践。

---

① 中共中央马克思恩格斯列宁斯大林著作编译局. 马克思恩格斯文集（第8卷）[M]. 北京：人民出版社，2009：5.
② 中共中央马克思恩格斯列宁斯大林著作编译局. 马克思恩格斯全集（第31卷）[M]. 北京：人民出版社，1998：108.
③ 中共中央马克思恩格斯列宁斯大林著作编译局. 马克思恩格斯全集（第3卷）[M]. 北京：人民出版社，2002：302.
④ 中共中央马克思恩格斯列宁斯大林著作编译局. 马克思恩格斯全集（第3卷）[M]. 北京：人民出版社，2002：301.
⑤ 王善英. 韦伯论人与社会的关系 [J]. 新疆社会科学，2007（1）：1—6.
⑥ 韦伯. 支配社会学 [M]. 康乐，译. 桂林：广西师范大学出版社，2004：65—66.

　　杜威对社会的传统哲学尤其是"社会有机体说"进行了批判。传统的社会哲学把社会理解成一个包括一切的整体，杜威在《哲学的改造》一书中论述道："我们所要明了的是个人的这个或那个集体，这个或那个具体的人，这个或那个特殊的制度和社会组织，而传统所接受的论理却以关于诸概念的意义和概念相互间的辩证的关系的讨论代替这种研究的论理。"[①] 杜威认为人们因为各种各样的需要、兴趣和目的，以不同的联合方式形成各种不同的群体，每一个人会同时属于多种不同的群体，每一个群体都具有"社会的"性质，都是一个相对独立的"小社会"，我们所说的社会实际上正是由这些不同的具体群体松散联合而成的。[②] 这种联合而成的社会也就是杜威心中理想的民主社会，它是鼓励其每一个社会成员全面解放和发展的，蕴含着人与社会的关系。杜威指出："社会和个人是相关的有机的，社会需要个人的效用和从属，而同时亦需要为服务于个人而存在……正因为社会是个人所组成，个人和结合个人的共同关系似乎就必须是同等重要的。没有强而有为的个人，构成社会的绳索纽结就没有东西可以牵缠得住。离开了相互间的共同关系，个人就彼此隔离而凋残零落，或相互敌对而损害个人的发展。"[③] 而只有在民主社会中，人与社会的有机相关性才得以实现。

　　4. 对技术社会的批判

　　科学技术的进步改变着人的生活方式，也促进了社会的发展。但以科学技术为核心的发展路径却限制了人们精神世界的成长空间，使人成为机器的附属品和劳动的工具。由此，人们开始思考技术理性之下人与社会的关系，抨击技术社会造成的人的异化。

　　马尔库塞认为正常生活在社会中的人，应该有肯定社会现实及否定社会现实的两个向度，而根植于技术理性的当代资本主义社会压制了人们内心的否定性向度，使人变成了"单向度的人"，沦为社会庞大生产机器的零部件。尽管科学技术为满足人逐渐扩张的需要提供了大量消费品，但这种需要是为

---

　　① 杜威. 哲学的改造 [M]. 许崇清，译. 北京：商务印书馆，1989：101.
　　② 杨东颖. 失衡与反拨——我国学校教育价值取向的偏差反思和调整 [D]. 上海：华东师范大学，2014：66.
　　③ 杜威. 哲学的改造 [M]. 许崇清，译. 北京：商务印书馆，1989：101，102.

了特定的社会利益而从外部强加于个人身上的需要，是受控于外界的虚假的个人需要。真正的需要应该是真正意义上的自由，而"发达工业社会的最显著特征是它有效地窒息那些要求自由的需要"①，导致人依附于现有制度。基于对技术社会的批判，马尔库塞认为人的解放取决于自然的解放，"'自然界的解放'并不意味着回到前工业技术时代，而是进而运用技术文明的成果，使人和自然界摆脱科学和技术为剥削服务时的那种破坏性滥用"②。此外，哈贝马斯指出技术理性使人逐渐丧失自由，他强调人的主体性，主张通过人们交往行为中所建立的交往理性来规避科学至上而引发的弊端，回归生活世界。他认为，技术理性牺牲了道德和艺术的文化功能，强调人的生活世界与精神世界的联系和融通，社会科学、道德和艺术的平衡才能实现人真正的自由。

通过对人与社会关系的历史梳理可以看出，在人与社会的互动与斗争进程中，个人与社会的关系在很长时间内都表现为社会对个人发展的抑制，而在不同时期，社会又总是以不同形式对人的个性及主体性进行约束。而在个人与社会关系的纷争及探索中，尽管社会总是占据主导，但个人力量却是不可忽略的，人对社会控制的反抗以及人对社会的促进和推动作用长期存在。人与社会关系的核心与关键问题在于，一方面，人是社会中的人，社会由人组成，二者相关联。单一重视个人必将导致社会的僵化，单一强调社会必将导致人的发展的片面化，最终造成社会的停滞。因此，不能离开个人谈社会，也不能离开社会谈个人，要避免极端的个人中心主义和社会中心主义。另一方面，社会与个人具有各自的独立性：其一，人的独立性表现为人与社会相关，但人不机械从属于社会而存在，人具有人所独有的价值与意义，人和社会二者平等又相互关联；其二，承认人的独立地位并不等于否认人与社会的关联性，人无法脱离于社会而存在，人具有社会性；其三，在肯定人与社会、人的活动与社会历史统一的基础上，应承认人对于社会历史进程的推动者角色。人基于人的有意识的思维活动及主观能动性获得"人及其个体在

---

① 马尔库塞. 单向度的人［M］. 刘继，译. 上海：上海译文出版社，2006：6—8.
② 马尔库塞. 审美之维［M］. 李小兵，译. 北京：生活·读书·新知三联书店，1989：131.

价值论立场上对自然、社会或历史的优先地位"①。这些主流理论观点为本书关于人的主体地位及人的解析的理解提供了理论依据，从而进一步为师范教育价值取向中师范生地位的确立及师范生作为"人"的各种规定性的深入分析奠定了理论基础。

（三）人与教育的关系

教育究竟应该以个人发展为根还是以社会需要为本，如何处理个人与社会之间的关系，是教育研究必须回答的问题。师范教育也面临这样的两难处境：是将师范生规训为社会需要的职业角色，还是在师范生个人全面发展基础上引导其成长为专业化的教师？也即从师范生到教师这一转变过程中，社会需要和个人发展孰先孰后、如何平衡？通过对教育的目的梳理，准确把握教育视野中关于人的核心素养及其地位的认识，有助于厘清教师素养培养的方向，这是深刻理解师范教育价值，反思师范教育价值取向的基础。

1. 教育关注人的和谐发展

人的和谐发展教育思想始于古希腊时期的古典主义教育，古典主义教育家认为教育就是围绕人的德性与理性，挖掘和发扬人所具备的美与善的人性，主张培养品性完美、和谐的人。苏格拉底教育思想的核心就是"智（知）德统一"理论，"德行可教"，通过传授知识、生成智慧就能实现道德完善，在其教育主张中涉及公民培养的德、智、体的教育，人的和谐发展思想初露端倪。柏拉图的教育观也蕴含和谐之义。他肯定在智者"三艺"的基础上，提出包括算数、几何、天文、音乐的"四艺"，且重视体育，关注公民全面发展。亚里士多德在吸收前人成果基础上，进一步发展并细化了人的和谐发展教育思想。他将灵魂分为三个部分：一是表现在身体的生理方面的植物灵魂，是灵魂的低级部分，为一切生物所共有；二是非理性灵魂，即动物灵魂，也称意志灵魂，表现为感觉与欲望，是灵魂的中级部分，为动物和人所共有；三是理性灵魂，表现为理智与沉思，为灵魂的高级部分，是人类所特有。这三种灵魂是自然赋予人类的活动能力的萌芽，具有发展的倾向。

---

① 李荣. 马克思探讨个人与社会关系问题的三重逻辑 [J]. 东岳论丛，2012（8）：12-18.

因此，他提出与三部分灵魂相适应的三种教育，强调体、德、智、美和谐发展，注重遵循儿童身心发展规律，其教育思想在吕克昂学园得到了很好体现。

文艺复兴时期的人文主义反对天主教会和封建贵族所倡导的蒙昧主义、禁欲主义以及经院哲学对人性的摧残，以古希腊、罗马文化的光复和世俗文学的开创为武器来寻求个人尊严、自然本性、生存价值的正当性，呼唤人性回归，以重新确立人的价值和地位。由于文艺复兴运动持续时间较长、范围较广，不同阶段、不同区域的教育思想必然有所差异，但总的来说，在对古典文化的追求及自然科学推进的背景下，人文主义教育重视对人性的塑造、完人的培养，更明确地显现出以身心和谐为教育目标的总趋势。意大利人文教育思想家弗吉里奥认为教育应以通才教育的形式，通过符合自由人的价值，使受教育者获得德性与智慧发展，能够唤起、训练和发展使人趋于高贵的身心最高才能的教育，[①] 来培养身心和谐、知识与品行俱佳之士。在《论绅士风度和自由学科》一文中，他指出有助于通才培养的自由学科（历史、道德哲学、雄辩术）能发起问藏于个人身心之中的智慧和德行的最高才能。维多里诺继承了弗吉里奥的观点并将之付诸实践，创办了"快乐之家"学校，倡导博雅教育，认为教育的目的在于为社会培养身心和谐、具备优良文化、知识素养及职业生活能力的人，注重学生身体、精神、道德、能力的全方面发展。法国人文主义思想家拉伯雷痛斥经院哲学，主张培养知识渊博、体格健壮、个性自由且适应时代需求的新人，重视智、德、体方面的教育。蒙田强调培养具有道德素养、健壮体魄及生活适应能力的"全新的绅士"，关注个性解放及身心的和谐发展，"我们所训练的，不是心智，也不是身体，而是一个人，我们决不能把两者分开"[②]，建议以文学、历史、旅行、社会接触和体育为教育内容。

2. 教育强调人的社会化

工业革命之后，社会思想进一步解放，社会变革进一步深入，教育理念

---

① 张斌贤. 外国教育思想史论［M］. 北京：高等教育出版社，2007：123.

② 华东师范大学，杭州大学教育系. 西方古代教育论著选［M］. 北京：人民教育出版社，2001：395.

也逐步脱离对人的抽象描绘，转而立足于现实生活，将人及其现实需要与社会相结合，强调教育对社会的实用性价值。教育的目的在于培养能够习得社会德性、懂得科学知识，能够融入社会生活并能满足社会实际需要的人。

17世纪欧洲出现了以感觉论为基础，以适应现实需要为教育目的的唯实主义教育思想。这一思想注重教育面向社会现实、政治、经济以及文化科学发展实践，主张加强教育与社会及现实生活需要的联系，传授实用知识，强调学生关于社会现实的理解能力和问题解决能力的养成，以培养实用人才。例如，感觉唯实主义代表人物培根重视自然科学知识的价值，提出"知识就是力量"的著名论断。社会主义唯实代表洛克反对天赋神权，他认为人出生后心灵如同白板，强调教育对个人发展的作用，主张绅士教育，在其著作《教育漫话》中提出教育以培养身体健康、品德良好、具备广博实用知识和实用技能的资产阶级事业者为目的。

19世纪的功利主义代表人物斯宾塞立足于现代工业生活的需要来培养儿童。"斯宾塞把人看作自然的一部分，向着进化的目标不断前进，这个目标就是每个人的'完满生活'或幸福，教育就是为个人的'完满生活'做准备。'为我们的完满生活做准备是教育应尽的职责'，而评价一门教学科目的唯一合理办法就是看它对这个职责尽到什么程度。"① 对于"什么知识最有价值"，斯宾塞认为："一致的答案就是科学"②。以涂尔干为代表人物的功能主义教育思想强调教育的社会功能以及教育与社会的密切联系，主张儿童的各方面发展适应社会的要求，教育目的在于使年轻一代系统的"社会化"。

3. 教育呼唤人的自由全面发展

随着社会分工精细化、专业化以及教育实用化弊端的显现，教育呼唤归复人的发展。不同思想流派和思想家对人的发展维度有着不同的见解。区别于古希腊、文艺复兴时期的教育思想，这一时期的教育家们在坚持教育实现人的身心和谐的基础上，更加强调通过教育，达成个人的天性、人格、潜能

---

① 刘铁芳. 从自然人到社会人：教育人性基础的现代转向［J］. 华东师范大学学报，2010（12）：20-28.

② 斯宾塞. 斯宾塞教育论著选［M］. 胡毅，王承绪，译. 北京：人民教育出版社，1997：58-59，91.

及个性等特性的全面、自由、和谐的发展与生长。

18世纪的自然主义教育思想发展以卢梭的自然主义教育思想为核心，该思想在继承夸美纽斯客观自然主义教育思想的基础上，提出了自然主义教育观。卢梭的自然主义在《爱弥儿》中得到充分展现，他基于自身对儿童天性善良的基本认定，主张教育以发展儿童"内在自然"或"天性"为着眼点，提倡让儿童完全自由的活动，通过感性经验促进发展。

19世纪，以德国教育家洪堡为代表的新人文主义教育思想，强调教育应注重精神培养、促使整个人的发展——教育即完美人性的自由展开。洪堡在《立陶宛的学校计划》中指出，"一切学校……都必须只把普通人的教育作为目标"。而"普通人的教育"指向培养"完全的人"的全面教育。

德国教育家福禄培尔在其代表作《人的教育》中指出，教育的目的在于唤醒人的内在精神本性，这样不仅仅使人类了解自己，同时也有利于受教育者形成有胆识、有智慧的个性，使其具有和谐、统一的人格。

与此同时，以杜威为代表人物的实用主义认为教育的本质是教育即生活、学校即社会、教育即生长，教育即经验的不断改造和重组。从教育本质出发，杜威反对外在的教育目的，反对外在因素对儿童发展的压制。他认为教育目的应内在于教育的过程之中，教育应尊重儿童的愿望和要求，使儿童在教育过程中实现"生长"。

美国学者霍华德·加德纳认为教育要充分发展人的潜能，"教育者努力通过增加未来潜能实现的可能性来帮助学生克服现实潜能的匮乏状态……教育者不仅要预见到那些现有的潜能并促进它们的实现，而且要帮助学生充分实现那些现在具有的但是会稍纵即逝的潜能；教育者既要对学生未来的潜能充满希望，又要对它们实现的却可能稍纵即逝的潜能表示欣赏"①。

20世纪中后期，美国人本主义教育思潮兴起，它继承了西方人文主义教育的传统，崇尚心智潜力的自由运用和个性的和谐发展，把人的存在看成是人的潜能得以实现的能动过程，教育目标是促进人的潜能的实现。正如马

---

① 谢弗勒. 人类的潜能——一项教育哲学的研究 [M]. 石中英，涂元玲，译. 上海：华东师范大学出版社，2005：13.

斯洛将自我实现作为教育终极目标，罗杰斯认为教育目的在于培养"完整的人"，即融躯体、心智、情感、精神、心灵力量于一体的人，是既用感情的方式又用认知的方式行事的人。

不可否认，在历史发展进程中各大学派对教育与人的关系有着不同的见解，这一体系是相当繁杂的，本书仅对其进行粗略的划分与概括。总体而言，教育以人为直接对象，对人的素养培养方向可折射出教育中个人需要和社会需要的偏向问题，也即教育视野中个人地位与社会地位的权衡问题。如何权衡教育中个人与社会的关系是教育的基本命题，这关系着教育及师范教育价值取向核心基点如何确定，一味地强调个人发展容易导致个人中心主义，一味地强调社会需要容易造成社会本位倾向。从教育促进人的和谐发展、人的社会化及人的自由全面发展的过程来看，教育思想在不同时期有不同侧重点并最终落足于人的全方位发展，表现为人的个人价值与社会价值、人的发展性及能动性的统一。由此可见，其一，教育视野中理想的人，并非某种单一属性的人，而是多层次、整合的人。这给本书中人的属性的建构以启示，为准确把握师范教育价值取向的内容和方向奠定了基础。其二，教育以人的自由全面发展为终极目标，充分彰显出人在教育中的主体地位，这为细化师范生的完整需要图景以及论证师范生在师范教育中的核心地位找到了依据。

二、人的解析

在借鉴前人对人的认识的基础上，本书将人的多重规定性、人与社会的融合性以及教育中人的全面性进行了整合，以关联而非对立、融通而非孤立的视角，尝试性地对"人"进行解析，探究人的个体因素与社会因素交织并存的属性，及其相应的存在方式与需要。在对人作深入解读的同时也暗含着对人自身地位优先性的确认，从而为对师范生作为完整的"人"的存在方式及需要的深入分析奠定基础，并以此作为师范教育价值取向重构的基点。

（一）人的属性

对人的属性的剖析是认识人的基础，是探究人的存在方式、需要的先决条件。在人类哲学的长河中，诸多关于人的认识基本遵循了两个路径，即将人物化或将人精神化。不论是偏向自然的物化认识，还是注重超越的精神化认识，都是对人的抽象化认识，抽象化的人不是真实的人，是不可把握的人。而马克思从完整的人的立场，从历史的、现实的、实践的视角来理解人，指出人是自然性与社会性的多种规定性的统一。在吸收前人成果，以具体的、全面的、相关联的眼光来认识人的基础上，本书尝试建构完整的人所具有的基本规定性，并将其划分为个体属性和社会属性：个体属性是人作为个体生命所固有的基本规定性，强调人的自然性与发展性；社会属性是指人为作社会成员的基本规定性，是人在社会关系中所形成的人的特征，强调人在群体、社会中因交往与实践而产生的关系性与驱动性。只有二者和谐统一，人才能成为真正意义上的"人"。

1. 个体属性

人的个体属性是指单个人所固有的生命特性。一方面，人是作为个体的生命，是自然的存在，是本能的、肉体的呈现，人具有与一般生物体相同的自然性；另一方面，人并非一般的自然存在，人在"非特定化"的不完善状态基础上，通过人所特有的有意识的生命活动实现自身发展，从而具有区别于其他生物体的发展性。

（1）自然性

马克思指出人是自然界的一部分，"人直接地是自然存在物"[①]。"全部人类历史的第一个前提无疑是有生命的个体存在。"[②] 这表明，人的存在，其基础在于人的自然性，即人是生物体系中的一员，是有肉体组织的生物自然实体。在这个层面上，人与生物、动物有着共同的特性，具有本能的、生

---

① 中共中央马克思恩格斯列宁斯大林著作编译局. 马克思恩格斯选集（第42卷）[M]. 北京：人民出版社，1979：167.
② 中共中央马克思恩格斯列宁斯大林著作编译局. 马克思恩格斯选集（第1卷）[M]. 北京：人民出版社，1995：67.

理的及其他一切自然生存欲求。要对人进行正确的认识，首先要承认人的自然性，人是实实在在的自然生命的存在物，而非脱离了肉体的抽象的"绝对精神"。

（2）发展性

尽管人是自然生物体，具有生物的一般特征，但"如果只把人作为自然的存在物，有把高贵的人看低的嫌疑"①。生存与发展是人类永恒的主题，生存是人与其他生命体存在于这个世界上所共同面对的问题，而人基于其"非特定化"的不完善状态，通过人的有意识的生命活动，促使人有着"非限定的可塑性，有可以发展普遍性的能力"②。由此，人在"未完成"的道路上，自主地实现着自身的发展。

首先，人的"非特定化"为人的发展提供了可能性，是人生长的前提条件。杜威提出："生长的首要条件是未成熟状态。我们说一个人能在他未发展的某一点上发展，这似乎是自明之理由。"③ 人"非特定化"的未完成状态直接为人的发展空间提供了无限延伸的可能。弗罗姆有言："个人的整个一生只不过是使他自己诞生的过程；事实上，当我们死亡的时候，我们只是在充分的出生。"④ 人永远在成人的路上，不断自我完善。

"人类并不是一个已经不再发展的固定的族类，不像动物是不可改变的，人类存在着无限发展的可能性。"⑤ 人与动物在生存方式上的本质区别，就在于人在先天的身体机能上是"非特定化"的，而动物器官的构造和机能是与其后天要适应的环境生而匹配、固定的，从而是"特定化"的。这种匹配性极大地显示了动物在环境中的适应能力和生存能力的优势，但同时也限制了动物的发展空间，动物与生俱来的固定模式注定了它们只能是本能的、定向的。相对于动物，人在身体机能上不具备先天的完善性，因而要求人为了

---

① 冯建军. 生命与教育［M］. 北京：教育科学出版社，2004：14.
② 夏甄陶. 人是什么［M］. 北京：商务印书馆，2002：101.
③ 杜威. 民主主义与教育［M］. 王承绪，译. 北京：人民教育出版社，2001：49.
④ 联合国教科文组织国际发展委员会. 学会生存：教育世界的今天和明天［M］. 华东师范大学比较教育研究所，译. 北京：教育科学出版社，1996：197.
⑤ 雅斯贝尔斯. 什么是教育［M］. 邹进，译. 北京：生活·读书·新知三联书店，1991：64.

维持自身存在必须学会适应与生存。"因为人的器官并非专门为某几种生命机能而制成，他们有适合于多种多样的能力……所以，人具有别的能力来代替缺乏的能力。他所缺乏的特定化，更多地得到了他多种多样能力的补偿……因此，尽管动物似乎有适合于生命竞争的较优良的装备，但人却远胜过动物。"① 由此，人有了极大可塑性和发展的可能性。

其次，人有意识的生命活动是人发展的必要条件。尽管人的先天机能与环境的匹配度不高，但人的器官及大脑结构相对于其他生命体而言更加精良和复杂，使人得以与精神共存并具有人所特有的意识活动。人的意识并不只是人脑的神经活动的产物，也并非本能或无意识的神经反射活动，而是具有一种超越生物性的有意识的精神特性。这种人所特有的有意识的生命活动通过自我意识在自觉实践与主动反思的活动过程中实现了对生物性、动物性的超越，使得自身活动变成自己的支配对象，从而使人成为自身生命活动的主宰者。"动物和自己的生命活动是直接统一的。动物不把自己同自己的生命活动区别开来，它就是自己的生命活动。人则使自己的生命活动本身变成自己意志和意识的对象，是一种有意识的生命活动。这不是人与之直接融为一体的那种规定性。有意识的生命活动把人同动物的生命活动直接区别开来。"② 区别于动物的被动性，人的意识使人在生命活动中形成智慧并能动地对自我进行改造，以朝向不同的方面、更多的可能性和更高层次绽放自己的生命，也就是齐美尔说的"生命比生命更多""生命超出生命"。

2. 社会属性

人的个体属性是人存在的基础，但并非人的全部属性。人是群体中的人、社会中的人，因此还应从人的社会属性对其进行理解。人的社会属性是人作为社会存在物的基本规定性。本书认为人的社会属性一方面表现为人在社会中形成的与外部世界的关系性，另一方面表现为人在共同文化中生成的，以致力于社会发展为最终指向的驱动性。

---

① 兰德曼. 哲学人类学［M］. 阎嘉，译. 贵阳：贵州人民出版社，1988：228—229.

② 中共中央马克思恩格斯列宁斯大林著作编译局. 马克思恩格斯全集（第1卷）［M］. 北京：人民出版社，2009：162.

（1）关系性

人不是真空式的孤立存在，而是生活在一定群体或社会中，具有社会关系属性。马克思认为："人的本质并不是单个人所固有的抽象物，在其现实性上，他是一切社会关系的总和。"① 个人总是处于社会关系中的人，"不管个人在主观上怎么样超脱各种关系，他在社会意义上总是这些关系的产物"②。

首先，社会关系体现着人区别于人的属性。马克思认为："人们在生产中不仅仅同自然界发生关系。他们如果不以一定方式结合起来共同活动和互相交换其活动，便不能进行生产。为了进行生产，人们便发生一定的联系和关系。"③ 因此，生产关系将单独的个体联系起来，在互动中使人与人、人与社会的关系紧密起来，构成总的为社会关系。本书之所以讨论关系性，意在通过人在社会互动中所形成的真实的交往关系来阐述人所独有的社会地位，表明人区别于动物，更区别于他人的独特性。动物与同伴的关系在基于本能和生存需要而结成的群居关系中呈现，但人是社会关系中的人，尽管人类起源之时因生存需要结成了群居模式，并将群体生活方式融入了人的遗传基因，然而随着人类发展，人与人的联结方式逐渐超越动物本能，倾向于以社会分工、交换的需要结成的一种有意识、有目的、有组织的社会关系的集合。正是在不同的社会关系集合中，人才区别于动物，也区别于他人，成为他自己——人的本质如何、人是什么样的，正是由他在社会关系体系中的地位决定的，是其后天在与他人的交往中形成和实现的。只有依靠人的社会关系属性才能把不同时代、不同社会的人区分开来，把不同的集团、政党、阶级和阶层的人区分开来，把人与人区分开来，才能看到具体的人，才能真正

---

① 中共中央马克思恩格斯列宁斯大林著作编译局. 马克思恩格斯选集（第 1 卷）［M］. 北京：人民出版社，1972：56.

② 中共中央马克思恩格斯列宁斯大林著作编译局. 马克思恩格斯选集（第 2 卷）［M］. 北京：人民出版社，1995：102.

③ 中共中央马克思恩格斯列宁斯大林著作编译局. 马克思恩格斯全集（第 6 卷）［M］. 北京：人民出版社，1961：486.

理解人。①

其次，人的社会关系因实践活动得以实现。实践是人区别于动物而独有的"对象化"活动。"动物仅仅利用外部自然界，简单地通过自身的存在在自然界中引起变化。而人则通过它所做出的改变来使自然界为自己的目的服务，来支配自然界。这便是人同其他动物的最终的本质的差别，而造成这一差别的又是劳动"②，因此人通过实践将自己与动物区别开来，成为真正的人，成为类的存在物。人又在实践过程中建立了与外部世界的联系。一方面，实践是人的本质力量对象化互动，是将人的目的、意志、理想、知识和能力等本质力量有意识、有指向地作用于客体，认识和改造客体，使客体主体化的过程。另一方面，在认识和改造客体的实践活动中发展和丰富了人的意识，是客体存在转化为人主体意识的主体客体化过程。正如马克思所强调的，人的发展与成长浸润于社会关系之中，是借助"自由自觉的活动"即实践而生成的。正是实践打通了人与外部世界连接的通道，人与自然、人与社会、人与他人之间的多重关系才得以联系与融合，才构成了现实中人与外部世界多种关系的真实样态。

（2）驱动性

人是社会中的人。在由人组成的社会中，人们基于根源上所遵从的共同社会文化催生了趋于一致的精神和思想。这些精神和思想最终在某种范围或程度内形成了该群体的社会成员对生命理解的共识，并在此基础上生成了相似的价值观念。同一社会群体的成员，即同一国家或民族的个体，通过共同的价值观念使成员对社会关系、结构和生活方式产生了一致的向往和认同，也使得其成员具有了统一的以推动和维护其所处群体不断发展和优化的理想与目标，进而形成了相同的、自觉自愿促进社会群体生机勃勃、国家发展和民族兴旺的愿望、义务和责任。

综上所述，人的个体属性与社会属性是人所具有的二重基本属性。人的

---

① 聂立清，郑永廷. 人的本质及其现代发展——对马克思人的本质思想的再认识［J］. 现代哲学，2007（2）：104－109.

② 中共中央马克思恩格斯列宁斯大林著作编译局. 马克思恩格斯全集（第4卷）［M］. 北京：人民出版社，1995：383.

个体属性包含人的自然性，以及突破了自然限制的发展性。人的社会属性包含人在具体历史空间及关系中形成的社会关系性，以及为促进社会发展、民族复兴的共同理想而形成的驱动性。换言之，人的个体属性是人存在的基础，而人的社会属性，使人区别于他人成为自己。但人绝不止步于此，人之所以是世间万物的最高存在，就在于人能够突破单一性而实现其个体属性与社会属性的和谐统一，成为真正意义上的"人"。

（二）人的存在方式

人的存在方式是关于人的理想存在状态的解读，是人自身需要形成的基础。人的存在方式决定于人的属性，又影响着人的需要，人有什么样的属性就有什么样的存在方式，也就产生什么样的需要。在对人的属性的理解之上，本书认为，人的存在方式也相应包括两个维度：个体存在方式和社会存在方式。只有二者的统一融合，才能达成人的完善。在这里，我们延续了全面、整体的认识视角，既体现了人相对于社会的优先性，又明确了人的个体存在方式和社会存在方式的融合性。

1. 个体存在方式

基于人的个体的自然性及发展性，人是天然的自然个体存在物，并具有人所独有的自主发展的能力，推动生命朝向不同的可能性延伸，这在很大程度上决定了个体自然人的独立性、能动性和差异性，体现了人的个体存在方式。这是人作为自然生命体所特有的存在方式，揭示了人的自身力量及推动社会发展的力量根源。

（1）独立的人

人首先是自然个体存在物，且具有发展能力，其存在不依附于神、物或社会，而是相对于神、物或社会所天然存在的独立的人，是自主发展的主体。人是人的最高本质，任何他物不能替代或表达人自身的伟大。一方面，人天然的作为自然生命而存在，最根本的要求就是摒弃"以物为本""以神为本"的观念，将人从神、物的关系中解放出来，肯定人自身天然的独立地位与独特价值。另一方面，人与社会相关，但人不依附于社会而存在，人是世界上唯一具有主体性，拥有智慧和能力的自然存在，是社会进步的直接推动者，具有与生俱来的独立性以及相对于社会的优先地位。

（2）能动的人

人具有"向前生长的力量，发展的能力"[1]，其发展依赖于人所特有的主动自觉实践的能动存在方式。人的能动性体现着人的内部主动生长的意愿，是人凭借独立的思维和意识，在与实践互动中，激励、促动着人的创造性发展，使人成为真正意义上的主体，成为最富有生命力的个体存在。区别于动物的被动性，人的能动性促使人在对自身以及外部世界改造的过程中无不表现出一种主动的、积极的、创造的和自由的趋势。[2] 只有将人视为能动的人，才能杜绝将人理解为在虚无主义包裹之下被动适应外界的工具化、身体化的人。

（3）差异化的人

人的发展性决定了人的差异化。我们不否认人是类存在物，具有共同的、普遍的人类共性，但同时，人又有着多种发展的可能和方向，在不同生命进程中自主绽放。由此，人又是具有个体性的类存在物。在具体的历史以及社会的实际条件下，每个人都是鲜活的、完整的人，并通过具体的、特殊的、多样化的个性表达着自身的独特性与差异性。

需要特别提出的是，独立的、能动的、差异化的人的个体存在方式，意味着每一个不同个体的存在都具有天然合理性，体现着"每一个个人"的价值。由此，人的个体存在方式并非强调绝对个人主义，而是尊重"每一个个人"，即"每个人"，是一定历史条件和社会关系之中的无数个个人的集合。人的价值体现在每一个个人的价值之中，这种价值不能被抽象的集体主义思想所掩盖，也不能被绝对个人主义所遮蔽。因此，我们应立足于社会中的每个人，尊重"每个人"的立场与地位，才能避免"人类中心主义""集体主义"或"个人主义"的偏差。

2. 社会存在方式

人是社会中的人，"人的发展取决于社会中与其交往的其他一切人的

---

① 杜威. 民主主义与教育［M］. 王承绪，译. 北京：人民教育出版社，2001：50.

② 胡晓珊. 我国师范教育课程价值取向的审思及重构［J］. 高教探索，2020（6）：81－85.

发展，个人总是通过对象化活动、通过交往活动而实现自我，因而也就表现为个人与他人、与社会、与自然交往的全面性"①。基于人的关系性，人正是因其与世界万物的运行关系而被赋予了社会定位和社会身份，而人的社会驱动性又必然推动并促进这些关系在同一社会文化中呈现出相辅相成、相互成就的样态。在人的社会属性之关系性与驱动性的基础上，本书认为，只有把人放置于与外界的现实依存关系中，才能更加透彻地体现其社会性。也就是说，人的社会存在方式应从群体中的人、社会中的人和生活中的人等方面来呈现。人的社会存在方式是人区别于他人的独特性所在，理想的社会存在方式显现于人与他人、社会、生活所特有而又相互依存的关系之中。

（1）群体中的人

人绝非孤立的存在物，而是群体中的一员，人只能且仅能通过与他人的互动来实现成长和发展。在群体中，个人不仅表现为"我"，更表现为某种与"你"和（或）"他"的人与人的关系结构。社会中的个体之间必然是相辅相成的关系：一方面，个人发展及自由个性的实现是其他一切人发展的前提，只有每一个个体的成长，才有可能推进其他一切人价值的实现；另一方面，个人的发展又依赖并受制于与其交往的其他一切人的行为选择和交往形式，离开了他人不可能有个人的发展，一切的"我"都在他者中得以共生。

（2）社会中的人

人是社会中的人，尽管从某种意义上来看，个人与社会是相对的，但并非对立的。社会中的人，是建立在人与社会关系基础之上的。个人是小写的"社会"，每个人身上都具有社会性；社会是大写的"个人"，是"人"的社会，是人的有机集合。人的发展与社会的发展总体上是一致的：一方面，"社会，即联合起来的个人"②，社会发展是以每个人发展为前提的，"要不

---

①　侯惠勤. 马克思主义的个人观及其在理论上的创新［J］. 马克思主义研究，2004（2）：61－70.

②　中共中央马克思恩格斯列宁斯大林著作编译局. 马克思格斯全集（第46卷下）［M］. 北京：人民出版社，1980：20.

是每一个人都得到解放，社会也不能得到解放"[①]；另一方面，人是社会中的个体，人处于一定的社会关系和生产关系之中，个人的发展既以社会发展的格局和水平为依托，又受其制约，无法脱离社会而发展。

（3）生活中的人

以往哲学对人的理解，最典型的方式就是以一种抽象思维将人视为绝对理性、精神或将人理解为自然实体存在物，抽离了具体的历史条件和社会关系。马克思认为人的本质是社会关系的总和，是区别于"抽象符号"的现实的、具体的人。这是对人的实存、现存状态的真实表达，意味着对人实际存在方式的直面理解。也就是说，这种现实的、具体的人，除了表现为在一定历史条件和社会关系中从事生产实践活动的人外，还表现为沐浴在现实生活世界中，参与各种生活细枝末节中的有生命、有感觉、有情意的、鲜活的人。人与生活世界不可分离，人的种种样态全在生活中展现，生活中也尽是人的身影。可见，既不能脱离生活来认识人，也不能脱离人来理解生活。

综上所述，人是一个综合的概念，既要肯定人的个体性，又要避免个人中心主义的误区，既要承认人的社会性，又要杜绝人的工具化倾向。人并非单一或非此即彼的存在，而是完善的存在。人的个体存在方式，强调自然个体独立于神、物及社会的地位，是具备自我意识、自觉能动的人，是具有独特个性的差异化的人。同时，人的社会存在方式，强调人与群体、社会、生活关系的相辅相成。人的理想存在方式呼唤着个体存在方式与社会存在方式的统一与协调。

（三）人的需要

不同的需要决定了不同的价值取向，人的需要的探究是重构价值取向的前提。而人的需要形成于人的属性的基本规定性及其存在方式，有什么样的属性就有什么样的存在方式，也就引起什么样的需要。所以基于人的属性与

---

① 中共中央马克思恩格斯列宁斯大林著作编译局. 马克思恩格斯全集（第3卷）[M]. 北京：人民出版社，1995：644.

存在方式，人的需要维度应从其个体性发展需要和社会性发展需要，以及二者之上的生命完善需要三个方面思考。总的来说，人首先应满足基本生存、自我发展等个体性发展需要。其次，在此基础之上，在社会关系的搭建中生成社会角色，在社会关系的和谐中最大化地实现社会价值，以满足社会性发展需要。最后，在个体性与社会性、个人发展与社会发展的和谐统一之上达成人的生命完善的需要。人的多重需要既体现了人的需要的全面性，又暗含着以人为基点来连接社会并实现共同发展的可能性。

1. 个体性发展需要

基于人的个体属性及个体存在方式，人的个体性发展需要包括基于人的自然性所产生的基本生存需要，是指人的一切生物本能、生理生存欲求等关乎"活着"的需要，以及基于人的发展性所产生的关于人的自我发展提升的需要。

具体而言，人的基本生存需要强调人自然生命的延续，是摆脱超验的精神和先验的上帝的束缚，以满足人肉体的、本能的、生理的生存需要为目标，是人的个体性发展最初级的需要。但是，与动物只要求满足低层次的基本生存需要不同，人对自身的发展程度、生存方式有着更高要求，以人的多元化自我发展为目标。这种高层次的个体性发展需要是基于人的"非特定化"，通过人有意识的生命活动来认识、反思自身的内部尺度，自觉实践，突破生物性、自然性的限制，从而充分发展人的情感、意志、能力、个性等内在的、精神的个体力量，形成独立的、能动的、独特的"自我"。人的自我发展需要是人个体性发展的高级需要，体现着人的自我提升诉求。

2. 社会性发展需要

基于人的社会属性及社会存在方式，人的社会性发展有着社会角色生成以搭建社会关系，以及实现社会价值以推动社会进步的需要。人是具体历史条件和社会关系中的人，人的关系性，也即人与他人、人与社会以及人与生活的实践互动，使人具有了独特的社会身份，人的社会角色的生成是人融入社会的初级需要。此外，基于人的驱动性，社会性需要的理想境界还与人和

世界万物关系的和谐程度相关——共同推动社会的进步，实现人的社会价值，这是人的社会性发展的高级需要。

　　具体而言，每个人都是社会中的人，都被赋予一定的社会角色。人通过与他人、社会、生活的互动来搭建社会关系，将人的社会性从其自身独特的社会角色中呈现出来，从人所承担的社会职业中展现出来。只有在社会关系中，人的社会性才得以释放和彰显，人的社会身份才得以形成。个人的社会角色是人在社会中身份的象征，也是其职责的表现。不同的社会结构以及不同的人的专长形成了不同的分工，出现了不同的社会角色，正是基于社会角色的差异，人才拥有了不同于他人的独特社会地位，并以此为切口融入社会结构。也就是说，人的社会角色生成是人的社会性发展的基础需要。此外，在人的社会角色生成以后，为实现基于共同文化的驱动所生成的推动自身所处群体发展的理想目标，就应加强自身社会角色的专业性与不可替代性，致力于人与外部世界关系的和谐共存、自我与他我关系的相互成就，以最大化地体现个人的社会价值，这是人的社会性发展的高级需要。如果将人放入以国家、民族为存在形态的大社会群体中考察，人的社会价值所负载的责任与义务则与国家发展和民族复兴紧密相关。

　　3. 生命完善需要

　　人的生命不仅仅是指生物学角度的生命，还包括意义层面的生命。尽管人的生命过程是有限的，但人生的境界追求是无限并多维的，只有将个体生命与社会生命相融通，才能实现生命完善。一般认为，个体性发展需要是社会性发展需要的基础，只有在自我得以充盈和提升的前提下，人才更有力量和热情去满足其社会性发展需要。同时，社会性发展需要也反作用于个体性发展需要，只有当人的社会价值最大化发挥，社会整体样态得以优化发展时，才能在更大程度上提供个人个性自由实现的环境。人的生命完善需要应同时包含人的个体性发展需要与社会性发展需要，这是人的需要的终极追求，缺乏任何一个方面，人都无法走向完满。但是，人的生命完善需要并非将二者简单相加，而是二者的统一与融通。其关键之处在于作为自然个体的人的自我价值、人生志向，与作为社会个体的人的职业理想及对其在社会关系中所担任的社会角色的认同是否匹配、协调。只有当人的人生理想与职业理想趋于一致，将职业视为终身追求的事业，才能主动、有倾向性地突破限制，在追寻理想的过程中真实地促成个体性与社会性的超越，促成"灵"与"肉"、"我"与"你"、个人与社会的有机统一，实现人的生命完善。

总体而言，上面对人的解析主要从属性、存在方式及需要等方面展开。人的属性包括人的个体属性和社会属性。人的个体属性是单个人所固有的生命基本规定性，强调人的自然性与发展性。人的社会属性是人作为社会成员所特有的基本规定性，表现为人的关系性与驱动性。人的属性的分析体现了本书对"人"的基本认识立场，人有什么属性就有什么样的存在方式。基于人的属性，人的存在方式相应包括个体存在方式和社会存在方式，强调人的独立性、创造性、个性，以及人与人与他人、社会与生活世界和谐共存的关系，以此呈现人的理想存在状态，是分析其需要的前提。进而，基于人的属性及存在方式，人的需要分为人的基本生存、自我发展等个体性发展需要，社会角色生成、社会价值实现等社会性发展需要，以及各种需要的同时满足与统一，即生命完善需要。

对人进行解析，其意义在于：

其一，以个体属性和社会属性相融合的视角来探究人的属性、存在方式，有助于对人的根本规定性的全面认识，科学确立人在世界、社会、生活中的应然地位，深入理解人的核心价值。尽管我们认为人与外部世界是你中有我、我中有你，具有相互影响、相互促进的关系，但基于人的独立、能动的个体存在方式，人与生俱来的智慧和创造能力，是社会进步的直接动力源，因此人具有相对于社会的优先地位。此外，人是个体属性与社会属性的融通，是个体存在方式和社会存在方式的结合，因此，人的完善需要必然包含着个体性发展需要与社会性发展需要的统一。也就是说，社会进步是人的完善的环节之一，只有基于人的立场，才能在促进人的完善进程中推动社会进步，从而基本确立了人对于外部世界的推动者地位，确证了以人为立足点来联结、融通人与社会共同发展的正当性。这便为从"人"的立场出发来探讨师范教育价值取向，平衡个人主导与社会主导的关系奠定了基础。其二，对人的属性、存在方式及需要的把握，是确立师范生存在方式和需要的根

基。师范生是具有特定社会身份的"人"，只有在人的解析框架下，结合师范教育领域的特殊性，才能既有依据，又有针对性地探讨并阐述师范生作为完整的"人"的理想存在方式以及全方位的需要图景，进而搭建以师范生为轴心的师范教育价值取向。

第四章
师范教育价值取向的整体重构

通过对师范教育价值取向的历史回顾可以发现，当师范教育价值取向过多偏向于社会主导时，师范教育就成为政治、经济发展的手段，个人的主体地位、个人的发展则会受到一定的限制，最终也将导致社会发展的不全面。为减小师范教育价值取向中个人立场与社会立场之间存在的偏差，优化师范教育促进个人发展和社会进步的功能，下文拟以完整的"人"为突破口，探讨对师范教育价值取向的重构。在对人的基本属性、存在方式与需要进行探究的基础上，本章将回归师范教育价值取向分析框架，重新确立"以师范生为本"的价值观念，围绕师范生的个体发展和促进社会发展的职责，以师范生的生命完善为需要，并设定激发师范生生命活力的行动方向，来全方位地对师范教育价值取向进行重构。

一、"以师范生为本"的价值观念

价值观念的重新确立是重构师范教育价值取向的基础。为改变过去师范教育价值取向之价值观念层中个人缺位的状态，基于对人学理论的追溯及对人的解析，笔者认为，师范教育应秉承"以师范生为本"的价值观念，立足完整的"人"来融通师范生的个体性与社会性，实现人与社会的共生发展。

（一）以师范生为核心指向

长期以来，师范教育为了促进政治、经济发展而存在，"人"在师范教育中的主体地位被削弱。教育是"人"的教育，师范教育作为教育的分支，也该围绕"人"来开展。师范生是鲜活的生命，而非纯工具性的存在，是师范教育教学活动的原点、目的和主体。也就是说，师范生是师范教育的核心

指向，应确立师范生在师范教育中的核心地位。在师范教育中，只有立足于"人"，才能回归师范生发展，回归教育本真。

需要特别提出的是：其一，以师范生为核心指向并不意味着对师范教育的社会属性及社会发展需要的忽视，相反，每一个师范生都必然渗透着社会规定性。事实上，只有在师范生个体生命发展的前提下，才能切实彰显师范教育的社会意义和社会价值，师范教育也才能为国家、民族和社会的发展尽其本分。其二，以师范生为核心指向，其意义不仅仅在于促进师范生作为完整的人的生命成长，也进一步关系着师范生未来教育生涯将面对的学生的生命成长，蕴含着激发未来学生生命发展的力量。

1. 师范生是师范教育的原点

从教育的起源来看，教育一开始就对人的天性和儿童的成长给予了极大关注，以人性为基础。在东方，所谓"天命之谓性，率性之谓道，修道之谓教"，阐明了教育是修人性之道，天然地将教育与人联系在一起。在西方，卢梭认为教育的出发点是儿童的天性，教育要顺应儿童天性的发展。杜威提出"教育即生长"，教育最本真的含义就是儿童的教育、儿童的成长、儿童的成人。尽管这些观点不尽相同，但都把教育的原点引向了人。

教育的原点是人，因为教育是人的教育，只有人才有受教育的可能性，人是教育得以存在的基础。具体而言，一方面，教育的对象是人，这意味着教育的出发点只能是人，而非物或其他。我们认为，人是发展的存在，正如现代人本主义强调的"人不是其所是，而是其所不是"，也如伽达默尔所说，"人之为人的显著特征就在于，他直接脱离了直接性和本能性的东西，而人之所以能够脱离直接性和本能性的东西就在于他具有精神的理性的方面。根据这一方面，人按其本性就不是他应当是的东西"①。换言之，相对于动物而言，人的发展性使人成为否定之否定的存在，并永远超越规定性而敞向未来，从这个角度来理解，只有人才有受教育的可能，因此教育的原点只能是人。另一方面，教育因人而发生，人是教育得以存在的前提。如果说人通过有意识的活动超越自然生命的限制，使得人的类生命的成长和丰满具备了可

---

① 伽达默尔. 真理与方法（上）[M]. 洪汉鼎，译. 上海：上海译文出版社，1999：4.

能性，那么这种可能性的实现则依赖于教育。雅斯贝尔斯曾说："没有一个人能认识到自己天分中沉睡的可能性，需要教育来唤醒人所未能意识到的一切。"① 反过来讲，人自身发展的需要从客观上推动了教育的产生，如若不依托于人，教育就成了无源之水、无本之木。由此，使"人"丰富起来的人性、人的需要、人的发展、人的生命等一切环节都是教育的依据和起点，都应该受到教育的尊重与重视。

师范教育作为教育的一种类型，理应以人即师范生为原点。师范教育起源于古代社会的言传身教，发展于现代学校教育，从古至今都是培养教师的教育活动，是教师"再生产"的根据地，其对象一直都是师范生。然而，尽管师范教育的对象是师范生，但传统师范教育却偏离了师范生的生命原点，长期以功利性的外在社会需要为标准，过度倾向于从政治、经济发展需要的角度出发来规训师范生，忽略了师范生自身内部发展规律及需要，造成师范生生命成长价值及意义的残缺。由此，师范教育价值取向必须在原点上实现一个根本转化，即由以社会为原点转变为以师范生为原点。师范生只有在自身受到应有尊重并充分发展的前提下才能更好地理解教育、敬畏生命，真实地"看见""听到""认识"其未来学生的存在与价值，唯有如此，才能保证师范教育乃至教育的良性可持续发展。

2. 师范生是师范教育的目的

"人是目的"是教育价值的基本取向。在哲学史上，"提出'人是目的'命题的最初意图是为了反对把人当作神的奴仆和玩物，而近现代哲学家一再重申'人是目的'，则是为了反对人的物化"②。在哲人们对人的自身价值认识的启示下，"人是教育的目的"的观点被理论界普遍接受与认同。

人是教育的目的，这是由人的自身价值与教育本质所决定的。一方面，从人自身价值来看，人之尊贵，正是因为自然界中任何事物的价值都是相对价值，因为它本身不是目的，只有作为工具被人使用时它才具有价值。而

---

① 雅斯贝尔斯. 什么是教育［M］. 邹进，译. 北京：生活·读书·新知三联书店，1991：65.

② 邵晓枫，廖其发. 以"学生为本"教育理念的内涵解读［J］. 中国教育学刊，2006（3）：3-9.

人，尽管不排斥人的工具性，但人本身具有最高价值，是价值的源泉，是作为目的的存在，从而说明人是教育目的的理论合理性。其一，人是人最高的价值与意义，即人本身就是人所需要的目的。康德指出："人，实则一切有理性者，所以存在，是由于自身是目的，并不是只供这个或那个意志任意利用的工具。因此，无论人的行为是自己的或是对其他有理性者，在他的一切行为上，总要把人认为是目的。"[1] 马克思认为"任何人的职责、使命、任务就是全面地发展自己的一切能力"[2]，人之成为目的必然借助手段来实现，人既是目的也是手段，他认为"每个人只有作为另一个人的手段才能达到自己的目的；每个人只有作为自我目的（自为的存在）才能成为另一个人的手段（为他的存在）；每个人是手段同时又是目的，而且只有成为手段才能达到目的，只有把自己当作自我目的才能成为手段"[3]，每个人之间互为手段与目的。其二，人是社会最高的价值与意义，即人是社会的目的。马克思认为社会发展过程就是人在不断创造自身对象性世界的过程中逐步实现自身全面发展的过程。社会由人构成，人是社会发展的手段，也是社会发展的目的，社会发展的实质是人的发展，人的幸福、解放和自由个性是社会的最终价值目的。马克思指出，未来新社会的本质特征就是"建立在个人全面发展和他们共同的社会生产能力成为他们的社会财富这一基础上的自由个性"[4]。另一方面，从教育本质来看，教育不从属于社会而具有其独立地位和价值，这种独立地位和价值体现为教育的本体价值和本体功能，即促进人的生命成长及人的自我价值实现。从根本上看，教育依赖于人的发展性而存在，人又通过教育不断超越自然的规定性，成之为人，生成人的全部本质力量，这就是教育的归宿。也就是说，只有把人视为教育的归宿才与教育的本质一致，这意味着，尽管教育理所应当具有外在功能，但教育的终极目的只能指向人

---

① 罗国杰. 人道主义思想论库［M］. 北京：华夏出版社，1993：449.

② 中共中央马克思恩格斯列宁斯大林著作编译局. 马克思恩格斯全集（第3卷）［M］. 北京：人民出版社，1960：330.

③ 中共中央马克思恩格斯列宁斯大林著作编译局. 马克思恩格斯全集（第46卷上）［M］. 北京：人民出版社，1979：196.

④ 中共中央马克思恩格斯列宁斯大林著作编译局. 马克思恩格斯全集（第46卷上）［M］. 北京：人民出版社，1979：104.

的发展，而非物的形塑。一旦脱离人是目的的价值观来把握教育目的，教育就会失去教育意义，"人是目的"是教育的应有之义。

就师范教育而言，其终极意义和价值不在于以师范教育为手段所带来的直接或间接的政治、经济等外在社会功效，而在于"人"的发展，也即以促进师范生的个人成长和完善为目的。这种个人成长与完善蕴含着个人与社会的双重需要，即强调师范生的自我发展和社会化成长，促进师范生自我角色与社会角色的统一，以此推动其未来学生和社会的共同发展。由此，这一过程达成了师范生生命完善和以生命成长为目的的教育代际传递同时实现的理想状态。

3. 师范生是师范教育的主体

教育是人的教育，在教育中，人并不是可有可无或无足轻重的附属品，而是教育的主体，人具有主体性。

人是教育的主体，体现于人相对于动物和社会的优越性。一方面，从人相对于其他物种的优越性来看，人与动物最根本的区别就在于人是具有自主意识、分析能力、反思能力以及创造能力的生命个体，"人是地球上唯一有理智、有思维、有技艺、能够自主地、能动地、创造性地从事实践的和观念的对象性活动的存在物"①。这决定了人是作为主体的存在，表现为人是认知思维活动的主导者、物质精神文化的创造者、自我发展的实践者。由此，人才具有独立感知、自觉思考、主动探索、积极建构的能力，保证了人的教育主体地位。另一方面，从人相对于社会优越性来看，尽管人受到社会关系的制约，但也真实地成为社会进步的根本动力源。马克思指出，人是历史的"剧作者"，又是历史的"剧中人"。②卡西尔也论述道："人，像动物一样，服从着社会的各种法则，但是除此之外，他还能积极地参与创造和改变社会生活形式的活动。"③人基于其主体能动性及实践能力，真实地成为社会发展的推动力量，社会的进步以人的发展为基础。在教育中，没有育人功能的

①　夏甄陶. 人是什么 [M]. 北京：商务印书馆，2000：11.
②　中共中央马克思恩格斯列宁斯大林著作编译局. 马克思恩格斯全集（第4卷）[M]. 人民出版社，1958：149.
③　卡西尔. 人论 [M]. 甘阳，译. 上海：上海译文出版社，2004：282.

实现，社会功能的有效"转换"就缺乏根基，因此，教育的主体应该直接指向人。

"学生是教育的主体""师范生是师范教育主体"的观点看似毫无异议，但传统师范教育在实践中却因过度强调教育的社会需要和教师权威，导致师范生个人的主体地位得不到重视。在被工具主义所统辖的师范教育培养模式中，师范生成为缺乏主体性，被动接受和机械模仿的"教书匠"。师范教育的"无人化"不单单是对师范生个体的忽视，还会通过准教师未来的职业行为传递到其他类型或层次的教育之中，造成教育整体上的"目中无人"。由此，师范教育应承认师范生在认知、学习、实践、反思等活动中的主体地位，强调师范生在师范教育中从被动到主动、从模仿到创造、从依赖到自由的转变。只有在尊重师范生主体地位的前提下，师范生的生命才得以灵动和自由。与此同时，师范生在师范教育中所获得的受尊重与认可的感受，将浸润到未来教育实践的信仰、理念、情感态度和行为模式之中，并以类似的方式显现于未来的教育生涯，促进教育的生命化延续。由此，才能从根本上把师范教育，乃至整个教育，从价值异化的轨道上拉回正途，发挥其本位功能。

（二）师范生的存在方式

"以师范生为本"的价值观念并非一个抽象、笼统的概念，师范生的现实存在样态是多样化的，究竟应该以什么样的师范生为本是师范教育价值取向之价值观念层重新确立的关键所在，从而应从理论上对师范生的存在方式进行深入探讨与剖析，勾勒师范生理想的发展状态。这不仅仅是"以师范生为本"的价值观念的具体化描述，也是分析师范生需要的基础。

前文已对人的存在方式进行了探讨，聚焦到师范教育领域，师范生作为完整的"人"，其存在方式应与之相呼应：师范生的个体存在方式首先表现为独立的人、能动的人、差异化的人，强调其在师范教育教学生活中的主体性、能动性及个性化发展。同时，还应将师范生个体纳入社会整体中去考量，其理想的社会存在方式应与他人、社会及生活的关系和谐，呈现为与教师平等交往的关系、与未来学生协作共进的关系、与同伴合作共赢的关系、与社会相互成就的关系、与生活相融合的关系。

1. 师范生个体存在方式

基于对人的个体存在方式的分析，笔者认为，师范生个体存在方式的应然样态表现为：独立的人，具有主体性，而非教师或知识的附属品；能动的人，具有能动性，而非被技术主义主宰的传统模式所培养的被动模仿者；差异化的人，具有个性，而非局限并统一于"教师"这一社会角色。

（1）作为独立的人，具有主体性

"人直接地是自然存在物"①，且是自主发展的，是脱离于神或物，且不从属于社会的独立的人。人的独立性表现为人作为主体的自由。恩格斯曾说，"意志自由只是借助于对事物的认识来作出决定的那种能力。因此，人对一定问题的判断愈是自由，这个判断的内容所具有的必然性就愈大；而犹豫不决是以不知为基础的，它看来好像是在许多不同的和相互矛盾的可能的决定中任意进行选择，但恰好由此证明它的不自由，证明它被正好应该由它支配的对象所支配"②。人只在教育过程中"自由"状态达成的基础上才能摆脱控制，成为教育活动的"主人"。

师范生作为独立的人，具有主体性，应占据师范教育中无可替代的主体地位。但传统师范教育存在着"物化"现象，导致师范生出现"不自由"的状态。首先，"教师中心"的教育理念将师范教育活动中教师的地位神圣化，使教师成为教育的主导者。由此，师范生成为被动的接受者以及被训练的对象，这直接导致师范生在教育活动中主体性的丧失，只能被动地接受专业知识、教育知识和师范技能的规训。其次，"知识中心"的教育理念把知识理解为客观的、永恒的绝对权威，以至于师范教育对知识的崇尚超越了对人的发展的追求，使师范生在某种意义上成为专业知识的附庸、师范技能的工具，其主体性被忽视。师范教育应承认师范生作为自然个体存在的独立的人的主体性，尊重其个性和人格，归还其自由、自主、自决的发展空间及发展

---

① 中共中央马克思恩格斯列宁斯大林著作编译局. 马克思恩格斯全集（第 42 卷）［M］. 北京：人民出版社，1979：167.

② 中共中央马克思恩格斯列宁斯大林著作编译局. 马克思恩格斯全集（第 3 卷）［M］. 北京：人民出版社，1979：154.

权利，使其成为真正的师范教育教学活动的"主角"。

（2）作为能动的人，具有能动性

马克思认为人不仅仅是自然存在物，还是人的自然存在物，也就是说，人是为自身而存在着的存在物，是能动的自然存在物。[①] 这种能动性主要表现在两个方面：一是主体可以有选择地反映客观事物；二是主体既可以获得对客观事物的感性知识，又可以凭借这种感性认识进一步得到理性认识，掌握客观规律。[②] 人的主观能动发展是一种必需，是人通过自我意识、自觉能动地在创造中完善生命未特定化的"缺陷"，而超越本能的过程。

师范生作为能动的人，是发展中的自然个体，是具有自觉性、目的性、能动性的个体，是具有自我意识、发展能力的探求者和实践者，是自身专业发展的主导者。但是传统师范教育却忽视了师范生这一特性，长期存在过于关注知识本身的结构以及技能规范等问题，强调单向灌输与机械训练，师范生的能动性、创造性体现不够。在师范生的培养过程中，我们必须把师范生作为能动的人来理解，摒弃技术主义的惯性思维，避免以固化的眼光去度量和约束师范生的成长。教师应该在承认师范生的主体性、尊重其人格和个性的前提下引导师范生在真实的教育教学活动中，在美好的生活世界中主动感知和探索，强化其自主意识、认识能力、反思能力和创造能力，促进其生命的整体性发展。同时，师范生应依据自身的本性、目的和需要，明确自身实践活动的方向，在人生成长的历程中，自主调控自身活动，通过主体性发挥，将自我从封闭中解放出来，从传统的经验思维中释放出来，从而不断地自主建构、重组，形成新的自我。

（3）作为差异化的人，具有个性

人是差异化的人，每个人因先天遗传和后天发展的不同，必然存在着自身区别于他人的独特个性，具有自己所特有的品性、能力和思维方式，成为自己的"标签"。

师范生是差异化的人，师范教育应承认并尊重每一个师范生的特殊性，

---

① 中共中央马克思恩格斯列宁斯大林著作编译局. 马克思恩格斯全集（第42卷）［M］. 北京：人民出版社，1979：167－169.

② 王策三. 教学认识论［M］. 北京：北京师范大学出版社，2002：26－27.

因材施教。然而，传统的师范教育往往以一种静止的、复制性的模式塑造人，过度关注师范生未来职业的共性，忽略了师范生的差异性与真实教学情境的多变性，即将教学活动视为固化场景，将师范生视为被动的接受者，以统一模式来传授师范生未来从事教师职业所需的知识与技能。由此，师范生个体的丰富性、差异性和独特性被遮蔽了。事实上，师范教育对师范生差异化的肯定，就是承认师范生是具有个性且有无限发展可能的独特生命个体。师范教育要尊重、呵护并充分发展每个师范生的个性，让生命千姿百态、丰富多彩，不能因"教师"这一角色的社会规定性来否定师范生个性化发展的权利。如若师范教育否认师范生的独特性，就是变相将师范生看作抽象意义上的人，漠视其生命的灵动性。而经由"一潭死水"般的教育模式统一"生产"的师范生难以感知生命的绚烂，难以点燃自己的教育激情以及学生的学习热情，难以尊重学生的个性，难以激发学生的生命活力。

从师范生的个体存在方式来看，师范生主体性、能动性及个性的生成是其成为独立、能动和差异化的人的关键。同时，师范生也是社会中的人，师范教育活动离不开社会，师范生的存在方式与社会关系紧密相关。"社会经济形态的发展是一种自然历史过程。不管个人在主观上怎样超脱各种关系，他在社会意义上总是这些关系的产物。"① 因此，师范生的存在方式也不应脱离社会关系来把握。

2. 师范生社会存在方式

对师范生个体存在方式的强调并非推崇以一种孤立、绝对的方式去认识师范生，因为其存在方式不是依赖以利用或占有为目的的"我－它"关系，而是从和谐的关系中来呈现。人是群体中的人、社会中的人、生活中的人，相应的，师范生作为社会存在的人，其社会定位形成于与教师、同伴、未来学生、社会及生活的关系中，具体表现为师范生与教师平等交往的关系，与未来学生协作共进的关系，与同伴合作共赢的关系，与社会相互成就的关系，与生活世界相融合的关系。

---

① 中共中央马克思恩格斯列宁斯大林著作编译局. 马克思恩格斯全集（第 23 卷）［M］. 北京：人民出版社，1979：12.

（1）作为群体中的人，强调师范生与他人交往合作的关系

哲学家布贝尔认为，人与外部世界有"我－它"与"我－你"两种关系。"我－它"关系是"我"以客观的方式看待外部的"它"，"它"是被"我"操纵、利用的对象；"我－你"关系强调作为主体的"我"与"你"的关系，即不把他人看成改造的客体，每个人都具有自身内在的意义世界，承认他者的主体地位，共生共存。作为群体中的人，师范生与他人的关系正是以"我－你"关系为基础的。

①师范生与教师平等交往的关系。

就师范生与教育者的关系而言，承认师范生的独立及主体地位，与教师的主导或主体地位并不矛盾。强调师范生的主体性，是针对传统师范教育中把师范生边缘化的现象而提出的，由此应归还师范生应有地位，但这并非以师范生为唯一中心。教育是人与人交往的活动，师范教育的基本关系是由教师和师范生构成的，两者都是完整的、具体的、现实的，具有主体意识和主体地位的人，任何一方都不应凌驾于他人之上。然而，不管是把教师理解为一切权威代表的传统师范教育观念，还是当代学界偶现的把师范生视为绝对主体的极端认识，都是将某一方的意志强加于他人身上，使得另一方被客体化的行为，这必然导致教育的僵化，丧失师范教育的本意。

一般认为，教师与师范生的关系不是命令或服从，两者都是师范教育的主体。师范生在教育过程中的主体地位主要表现为自主、能动、创造性地内化知识并生成相关能力，教师在教学过程中的主体地位表现为对学生的示范、引导及促进作用。如此这般，两者之间才能形成主体间平等交往、相互尊重、和谐共存的关系，真正实现主体间用一个生命开启多个生命，用一个心灵唤醒众多心灵，用一种人格去影响另一种人格，用一种热情去点燃更多热情的教育过程。

②师范生与未来学生协作共进的关系。

师范生与其未来教育对象的关系体现着师范教育与非师范教育的区别。师范教育的特殊之处在于，师范生未来所从事的是育人活动，面对的是人而非无生命的物。非师范教育的学生，其未来职业往往是与物打交道，而师范生作为准教师，其未来工作的对象是鲜活的、独特的生命体。教育活动是教师与学生以共同的教育内容为中介而建立的"主体－主体"的交往关系，其目的是人的发展，这就要求师范生相对于普通教育的学生而言，应更加深刻地去理解与认识"生命"，并以一种尊重、敬畏的态度去对待"生命"。当师范生进入职业领域后，其身份将面临一个转换，即由学习的主体转换成未来学生发展的促进者、生命完善的引导者。而在这种协作生长的过程中，师范生自身的专业素养也将得到提升，从而推进着师范生与未来学生的共同进步。

具体而言，在主体间性视域下，师范生未来担当的教师角色必须跳出和超越知识传递者的传统定位，其社会使命不仅仅在于教书、传授知识、培养技能，更在于启发式的引导、潜移默化地影响学生知识、能力、个性、情感及人格的健全发展，促进新的生命成长。其一，将担任教师角色的师范生应在"生命化"的儿童观、教育观指导下，在专业丰富的理论知识体系保障下，灵活运用实践智慧，引导学生体悟到知识本身给他们带来的幸福感受及内在力量，促进学生文化水平的提升。其二，将担任教师角色的师范生要注意在教育教学过程中平和地倾听生命对生命的诉说，用心去感受每一个生命体之中的痛苦和欢乐，在与学生的良性互动中促进其个性、潜能的发展。其三，将担任教师角色的师范生要全身心投入到教育的场域中，用自身生存方式、人格魅力以及人生态度去影响、感染学生，使其感知科学及生活中的美与善，以生成健全的人格、树立积极的人生观。与此同时，在追求学生生命成长的教育教学过程中，为了更好地胜任促进者、开发者和引路人的角色，教师在这种交往对话、合作学习的教育教学活动中，也必然会自觉或不自觉地调整自身认知结构、转变自己的教学行为，全方位提升职业素养，实现自身与其未来学生的协作共进。

③师范生与同伴合作共赢的关系。

就师范生与同伴关系而言，各个独立个体之间应呈现一种合作关系。教育是一种交往关系，人是群体中的人，合作是人与人的基本联结方式。因此，教育中的人与同伴间也应该是一种合作关系，其意义体现在基于共同的基础、共同的行动来促成单个人难以达到的目标，实现共赢。

聚焦到师范教育，师范生自身发展过程不能脱离群体力量的支持。基于师范生及同伴之间资源、信息、权利及目的的同质性，形成了师范生群体之

间的合作关系，表现为师范生与师范生之间的学习共同体。这是师范生个体之间或群体之间为了提高学习效益及自身专业发展，以自发、自愿、平等、民主的方式就共同的专业目的或问题进行探讨学习而形成的联合行动，是以"共在"为基础的师范生群体之间的共同提升、共同进步的过程。①

（2）作为社会中的人，强调师范生与社会相互成就的关系

师范生个人发展与社会发展并非对立关系，因为个人的发展与社会发展总体趋势是一致的。然而，在对人与社会关系的理解中，往往过于强调个人发展与社会发展之间的对立性，推崇社会价值，而淡化了个人的意义。由此，我们应正视师范生与社会的关系：人是社会中的人，人的发展以社会进步为保障，社会的文明程度将决定个人发展的进程或方向，个体的发展必然受到社会条件的促进或制约，渗透着社会规定性。如果"仅观照个体的需要，不必考虑社会的需要，也反对社会干预教育，个体将无法进入社会，无法适应生活"②。同时，社会由人构成，社会进步以人的发展为前提，个体的实现程度必然决定了社会发展的进程。也就是说，师范生和社会是相互成就的关系，脱离了社会的师范生是抽象的，而无视师范生所具有的人的本性的社会是工具性的。

在师范教育中，师范生与社会相互成就的关系在理论上是可以实现的。笔者认为，师范教育本应具有本体功能和外在功能，作用于师范生和社会。师范教育就其根本而言是促进师范生自我发展及职业素养提升的教育活动，师范教育对师范生的意义体现着其本体或应然功能，是师范教育的核心目的。同时，师范教育作为社会的组成部分之一，承担着为社会培养职业教师的任务，必然具有通过师范生未来的教育活动推动社会进步与发展的外在功能，这是师范教育本体功能的社会表现形式。因此，师范教育应以促进师范生自我实现兼顾推进社会发展为目的，强调师范生的自我发展和社会化成长，以实现师范生与社会相辅相成的关系。一方面，师范教育应以宽泛的科学文化知识、人文修为来促进师范生作为自然个体的全面自由发展。另一方

---

① 胡晓珊. 人类命运共同体视野下艺术师范生共生能力探究［J］. 四川戏剧，2020（9）：144-147.

② 姚姿如，杨兆山. "以人为本"教育理念的意蕴［J］. 教育研究，2011（3）：17-20.

面，师范教育应加强师范生专业的职业素养及能力，通过其未来的教育活动推动社会的进步。

（3）作为生活中的人，强调师范生与生活世界相融合的关系

师范生是身处生活世界中并受其制约的人，是有欲望与理智、情感与道德、思维和灵魂的人。从生活世界来探寻师范生社会存在的方式，其意义在于师范教育与生活的交融，强化师范生的生命感知，促进师范生的鲜活生长。

胡塞尔首先提出"生活世界"的概念。他认为，生活世界是我们生存于其中的生活境域，是科学世界和文化世界的现实基底，是和自然科学所处理的"死的世界"相区别的"活的世界"。雅斯贝尔斯进一步将现实生活世界与教育相结合，他在《什么是教育》一书中指出，以往教育本真的存在是属于过去或是未来的。雅斯贝尔斯认为教育应关注当下，"过去和未来都在现在之中，我要达到现在的深度就必须装备历史的传承和学会如何记忆。我向往真实和美好的生活，从现在那里我寻找过去和未来的交往……这种意志和知识促使我全身心地投入现在之中，而不是脱离现在，在时间的断层中踽踽走向过去和未来"①。生活世界是教育的根基，生活世界中的人是教育的对象。教育与生活世界的结合是人形成生活方式、建构价值观念和实现生命意义的前提。教育活动要关注人的生活世界，丰富人的生活内涵与意义，引导人体验生活的真善美，促进人的身心健康、全面和自由发展。只有与生活世界相结合，教育才能培养具体的、现实的、有生命的人。

但事实上，传统教育，包括传统师范教育通常遗忘了人的生活。传统师范教育时常忽视了师范生及教师丰富多彩的生活世界，崇尚抽象的科学世界，基于未来教师身份的确定性，把师范生塑造成抽象的职业符号。这种方式忽略了师范生对于学习以外鲜活生活世界的关注与感受、对生命意义的体悟与反思，以及对未来教师职业生活状态的体验——对未来教师职业的物

---

① 雅斯贝尔斯. 什么是教育［M］. 邹进，译. 北京：生活·读书·新知三联书店，1991：40—41.

质、精神、社会地位的感知，失去了师范教育应有的生活意味。师范生是现实生活中的人，师范教育不能只重视师范生的符号价值，还应回归开放的、感性的、生动的、充满了人文关怀的现实生活。只有师范教育与师范生生活相结合、与教师生活世界相结合，强化完整的生命体验，师范生才能切身感受自身的生命温度。与此同时，这也有助于加强师范生教育信念及教师角色转换的适应性，生成对教师生命价值的认同，促进师范生职业理想与人生理想的统一。①

二、以师范生生命完善为需要

对师范教育价值取向需要层的分析是重构师范教育价值取向的前提。基于"以师范生为本"的价值观念，师范教育价值取向应指向并体现师范生全面发展的需要，即师范生的生命完善需要。为达成师范生存在方式的理想样态并纠正过去师范教育价值取向中需要层的片面化问题，应全方位审思和立体地展现师范生多层次发展的图景。具体而言，师范教育价值取向应涵盖师范生作为完整的"人"的全部需要维度。根据人的需要及师范生的存在方式，在以人的需要作为师范生发展需要维度划分的依据、以师范生存在方式作为师范生发展需要的内容构成的依据之上，本书认为，师范教育价值取向的需要层应包含师范生个体性发展需要、社会性发展需要、生命完善需要三个维度。首先，师范生个体性发展需要包括师范生基本生存与自我发展需要，表现为师范生作为一般自然人的生物属性的满足以及个体内部力量的充分发展；其次，师范生社会性发展需要应结合师范教育特性，表现为师范生的职业准备和专业发展需要，旨在生成社会角色、实现社会价值，显现于师范生与教师、同伴、未来学生、社会及生活的和谐关系之中；最后是师范生生命完善的需要，表现为在个体性发展需要与社会性发展需要协调统一基础之上的完整的生命价值的融通与整合。

---

① 胡晓珊. 我国师范教育课程价值取向的审思及重构 [J]. 高教探索，2020（6）：81—85.

（一）师范生个体性发展需要

人的个体性发展需要包括基本生存需要和自我发展需要，这是师范生个体性发展需要维度划分的依据。此外，师范生的个体存在方式是多层次的，具体表现为独立的人、能动的人、差异化的人，这是师范生个体性发展需要具体内容构成的依据。由此，在对人的个体性发展需要的分析之上，为达成师范生个体存在方式，笔者认为，师范生个体性发展需要应包含两个层面的内容：一是师范生作为自然生物实体的基本生理生存需要，这是立命之本；二是师范生作为可发展的个体的多元化自我发展需要，这是师范生个体内在力量生成的需要，是更高层次之需。

一提到师范生，社会大众往往会将其身份定位于教师预备军，而忽略了师范生社会化角色背后的自然个体生命。毋庸置疑，师范生首先是人，是有血有肉、有着发展可能的个体性命体，[①] 具有作为个体生命存在的基本生存需要和自我发展需要，这是师范生生命完满的前提与基础，也是师范教育的基本目的。怀特海曾说："我始终信奉这样一条教育原理：在教学中，一旦你忘记了你的学生是有血有肉的，那么你就会遭遇悲惨的失败。"师范生首先是自然性的人，具有在这个世界上基本生存的需要，其生存方式、生存能力和生存质量是师范生作为自然人首要考虑的问题。正如联合国教科文组织报告《教育——财富蕴含其中》所指出：学会生存是教育的四大支柱之一。其次，作为发展性的人，师范生还具有自我多元化发展的需要，表现为师范生爱好、个性、潜能等各种内部力量的发展。师范教育在尊重师范生基本生存需求的基础上，应拓宽科学文化知识面，注重个人素养的熏陶，奠定个人发展的基础，以充分发展师范生的兴趣、爱好及能力，强化其主体性、能动性和个性，激励和引导师范生向更高层次的自我发展迈进。

师范生作为个体自然人的基本生存和自我发展的需要是其实现"本我"的必然诉求，也是社会性发展需要的基础。只有在准教师作为个体存在的人的需要得以满足、自然生命得以绽放的前提下，师范生才能更有保障地开启

其社会化进程，更好地"点化""唤醒"未来学生的生命发展。

（二）师范生社会性发展需要

人的社会性发展需要包括社会角色生成及社会价值实现的需要，这是师范生社会性发展需要维度划分的依据。师范生的社会存在方式是多层次的，包括师范生与世界万物的关系，这是师范生社会性发展需要的具体内容构成的依据。由此，基于对人的社会性发展需要的探究，师范生社会性发展需要可相应划分为职业准备需要与专业发展需要。同时，为达成师范生理想的社会存在方式，要实现师范生的社会存在方式中与群体、社会及生活的和谐关系，应加强师范生教育教学理念、知识、能力、情感及智慧等方面的素养，以保障师范生社会角色的稳固性、专业性与不可替代性。结合人的社会性发展需要及师范生的社会存在方式，师范生的社会性发展需要可具体表述为两个方面。其一，职业准备需要，强调师范生与群体（教师、未来学生、同伴）、社会及生活的基本关系构建，反映着师范生社会角色的初步生成。职业准备需要的实现以师范生人文素养、专业知识、实践能力的形成与发展为基础。其二，专业发展需要，以师范生与群体（教师、未来学生、同伴）、社会及生活达成和谐关系为追求，反映着师范生社会身份的专业化定位，意味着以"共在"为基础的师范生未来社会价值的最大化显现。专业发展需要的实现以师范生对人本化教育信念的内化、自主发展意识的提升、职业情感的认同、实践智慧的生成以及健全人格的养成为支撑。

1. 职业准备需要

师范生不仅是鲜活的生命体，更具有未来职业角色所赋予的特定属性。自然人是职业角色的基础，职业角色是"人"的具体表现，二者是统一体的两个层面，是互相渗透、不可分割的。师范生不仅应全面发展自身兴趣、爱好、潜能等个体性特质，作为社会角色的师范生还应具备基本的教育教学素养和能力，为从事教育工作做准备，这是师范生社会性发展的初级需要。

教师职业角色是师范生的未来社会角色预设。伴随着社会分工而产生、发展的教师职业是师范生社会化得以呈现的最终载体。教师职业角色对师范生来说最直接的意义就在于生存需要的满足，但它又不仅仅是师范生作为

"人"的生存手段，更是其实现社会化、提升生命质量的"依托"。师范生通过师范教育培养为未来职业做准备，借教育实践活动融入社会分工，促进着社会角色的生成。职业准备的需要是师范生基于自身未来社会角色的立场，与他人、社会和生活的关系得以搭建的基础，所以师范生必须具备一定的专业知识、技能及素养，以此保证其社会定位的基本稳定性。

首先，师范生职业准备的需要表现为对人文素养、生命意识的需要，这是教师角色持续性发展的前提。随着科学技术的发展，教育的形式日益丰富和灵活，在知识习得方式越发多样化的同时，学生对学校知识性教育形式的依赖程度也有所削弱。因此，在高度强调综合素养的当代社会，教师对学生的人文关怀与精神层面的观照就显得尤为重要。也就是说，教师素养已不仅仅局限于"教什么"和"怎么教"的知识、方法或技能，而更强调对生命的理解及相关素养的优化。由此，师范教育应加强对师范生人文化、生命化的价值观、教育观、儿童观及发展观的熏陶，促进其人本意识的形成，从根本上提升职业境界。

其次，对专业知识的需要是教师职业开展的基础。专业知识是教师从事教育教学活动的基本支撑及自身专业素养的集中体现，是教师角色形成的根基。专业知识分为学科专业知识与教育专业知识。学科专业知识是师范生从事教学活动所必须具备的学科专业基础知识，包括从教后直接对应专业学科及其相邻专业学科的内容、原则、结构、最新走向及相互联系。扎实全面的学科专业素养是教育教学活动得以开展的最基本的要求。作为一门专门以传播人类文化、提升人的智慧、促进人的发展为旨归的特殊职业，教育专业知识对教师的重要性也是不言而喻。师范教育阶段的教育类知识主要包括如何运用各种教学理论及方法高效开展教学活动、有效进行知识输出、掌控教育情境等关于"教"的实际"运行方式"的知识，对教育类知识的掌握确保着师范生未来教育教学活动的有效开展。

最后，对实践能力的需要是实现师范生到教师职业角色转换的重要基础。实践性是教师职业的根本属性，师范教育阶段师范生的基本实践能力主要包括课堂教学能力、组织管理能力、教学评价能力等与教育教学活动相关的最基础的能力。实践能力的生成是现代教育发展改革的要求，是师范生专

业性提升的关键所在，避免了实际教育过程中不适应、不会教、不善教的状态，是师范生完成社会角色过渡的保障。

职业准备需要是师范生社会性发展的初级需要，是实现师范生生命完善的基础条件之一。师范生的社会性发展需要并不是仅凭基本素养、知识、能力的习得就能实现的，更不是师范生进入教师岗位后就能自然而然水到渠成的，它必须经历一个由外界引导向师范生自身主动内化与升华的专业发展过程。由此，师范生的社会性发展还进一步表现为专业发展的需要。

2. 专业发展需要

随着教育及师范教育理念的革新，师范教育已不再是教师教育独立的起始阶段，而是与教师教育一脉相承的。师范教育除了要满足师范教育阶段的职业准备需要，还应整体地与职前职后一体化及教师职业生涯发展相关联，充分考虑师范生未来教师职业专业发展的潜在需要。

教师一度被认为是一个不需要专门化培养的一般性质社会职业。但教育活动的复杂性、特殊性、专业性及灵活性从客观上决定了教师必然是极具专业度的。"教师在整个教学专业生涯中，通过终身训练，习得教育专业知识技能，实施专业自主，表现专业道德，并逐步提高自身从教素质，成为一个良好的教育专业工作者的专业成长过程。"[1] 这个过程是一个从被动到主动，从外部引导到自我内化的动态过程，它是始发于师范教育阶段、历经教师培养阶段，贯穿终身的职业生涯发展。也就是说，教师专业发展萌发于师范生自身内部世界的能量积累，包括专业理论、专业能力等职业准备需要的素养，形成于师范生在未来教育教学活动中人本化教育理念的内化、自主发展意识的强化、职业情感的认同、实践智慧的生成以及健全人格的养成之中。只有实现专业发展，师范生在日后的教师角色成长的进程中才能主宰自身社会身份的内在发展，把握自身与外部世界的发展样态，和谐与群体、社会及生活的关系，实现社会角色的专业性与不可替代性，最大化地彰显社会价值，推动教育及社会的良性发展。可以说，专业发展的需要是师范生社会化发展的终极追求，具体而言，其专业发展的需要可分解为以下几点。

---

① 刘捷. 专业化：挑战 21 世纪的教师［M］. 北京：教育科学出版社，2002：51.

第一，人本化教育信念内化的需要是教师专业发展的核心导向。教育信念是教师对教育是什么或对教育终极追求的认识与理解。它根植于教师内隐的世界观，但并非所有观念或思想都能成为教师的专业教育信念，因为只有当教师具有的哲学意义上的理念与教师从真实教育现场所获得的认知、经验、感受及情感发生共鸣时，才能将教育观念内化为真正意义上被教师秉承、信奉的教育信念，并指引教师教育教学过程中的行为。否则，教育信念与教育行为就是僵化、割裂的"两张皮"。"一旦教师有了自己的教育信念，他就是一个主动追求和创造的教师，是一个将教育看作是发现自己生命的意义的寻求者和守望者。这就是教师教育境界的高下之分了。"① 教育作为提升人类智慧及生命质量的过程，是极具人文性的社会活动，教师应明确教育目的在于人性的发展与完善，将人本化、生命化的意识内化为自身教育信念，在理解、尊重学生的基础上，以学生的情感丰盈、人格高尚、生命完善为最终追求。

第二，自主发展意识强化的需要是教师专业发展的内驱动力。相对于传统模式依赖外力的被动培养，教师专业发展强调教师专业成长过程中个人内部主动、自觉的发展。教师是具有自我意识的人，"自我意识使教师能够把握自己与外部世界的关系，把自身的发展当成认识的对象和自觉实践的对象，并成为自我发展的主体，使自己成为自我引导型的学习者"②。教师的自主发展意识把专业发展的要求提高到自觉水平，在自主发展意识驱动下，教师会随之强化自主发展行为并进行自我管理，"自觉地承担其专业发展职责，将自己的专业发展状况作为反思的对象，通过自我反思、自我设计、自觉实施和自觉调整，不断更新自己的内在专业素质及其结构"③，推动着教师专业化发展进程。

第三，职业情感认同的需要是教师专业发展的基本保障。教师的职业情感是教师在日常学习及教育工作中对自身教师职业身份逐渐理解、认可的一

---

① 陈友松. 当代西方教育哲学［M］. 北京：教育科学出版社，1982：28.

② 杨馥卿，葛永庆，王京华. 自主意识、自主行动、自我管理——教师自主发展的必由之路［J］. 教育发展研究，2008（10）：97－99.

③ 袁祖荣. 教师自主发展初探［J］. 重庆教育学院学报，2006（7）：92－94.

种心理过程。教师一旦充分认识到教育的本质意义、教师职业的价值，将个体的职业理想、教育信念与教师身份相融通，引发情感共鸣，迸发对职业的热爱与创造的激情，就能激发对教师职业及教育专业情感的认同，主动提升自身专业素养及职业境界。长期稳定的情感认同将削弱教师职业的工具性意义，推动教师专业发展成为一种"本能"。情感认同不仅是教师专业发展素养构成的重要组成部分，更是师范生未来专业发展的基本保障。

第四，实践智慧生成的需要是教师专业发展的有效途径。"真正意义上的教师专业发展不是基于行为主义基础之上的教师能力本位的发展，而是基于认知情境理论的'实践智慧'的发展。"① 教育实践智慧是教师在实际教育教学中运用得最多的"知识"，是教师在教育活动中生成并使用的一种有别于理论的"知识"，它融合了教师个人信念、感情、专业理论基础及经验，立足于真实的实践情景，通过自觉反思而生成，以内隐的形式指导实践，具有极强的专业特征。实践智慧在维系、协调、引导教育教学各种因素有序、有效运行的同时，也促进着教师由外界力量控制下的发展向由内在实践智慧主导的专业发展转变，引领教师专业成长，是教师专业发展的有效途径。

第五，健全人格养成的需要是教师专业发展的根本支撑。人格是人所具有的一种精神面貌，是人稳定的心理倾向、自我意识和行为方式。卡拉特将人格理解为"一个人区别于他人的一贯的行为方式，尤其是在社会情境中"。因此，人格是人在一定的社会情境中形成的，表现为一贯的、内隐的心理特征和外显的行为方式。教师作为一种社会职业身份，具有特定的文化特性，从而生成自身独特的人格类型。健全的教师人格表现为教师专业发展所必须具备的良好的修养及心态、创造性的认知方式等特征。首先，教师应具备良好的修养及心态。具有良好性格修养的教师能积极地面对生活，认识自己的优缺点、和善友好、感情丰富、意志坚强，平等地对待学生、接纳学生。同时，明晰自身的义务、责任和权力，具有职业道德和职业尊严，明确自身身份和角色，全面体会教师职业的使命感、责任感、自豪感与幸福感。其次，教师应具备独立创新的认知方式。独立思考能力是作为文化传递者的教师应

---

① 钟启泉. "教师专业化"的误区及其批判［J］. 教育发展研究，2003（4）：128—132.

该具备的基本人格特征。具备独立的思考能力的教师才能站在"人"的立场思考和对待教育、知识、学生和自己。独立的人格是教师专业成长的基础和不竭动力，也是教师职业创新的基本要素和催化剂。只有具备独立人格和创新能力的教师，才能更好地推进自我发展、自我反思与自我实现。

综上所述，职业准备需要是师范生未来教师职业发展的基础，人文素养、专业知识、实践能力的培养是促进其社会角色生成的必要因素。专业发展需要进一步优化了师范生未来教师职业应具备的胜任力，以教育信念、自主意识、职业情感、实践智慧及健全人格的内化或生成为依托来"现实化"自身多重社会关系的和谐，在专业发展进程中促进社会进步。师范生的职业发展是社会化的基础，专业发展是社会化更高层次的追求，为师范生生命的完善实现提供了可能性。

（三）师范生生命完善需要

人的生命是一个不断完善发展的过程。生命是有限的，但是生命完善是无止境的，贯穿于人生始终，"生命本性可以说就是莫知其所以然的、无止境的向上奋进，不断翻新"①。"教育是直面人的生命，通过人的生命、为了人的生命质量的提高而进行的社会活动，是'以人为本'的社会中最体现生命关怀的一种事业。"② 师范生生命意义以其基本生存、自我多元化发展为基础，由其职业化、专业发展为支撑，在生命进程中趋向于完善。

师范生生命完善体现在其个体性发展需要与社会性发展需要的同时满足。所谓同时满足有两层意思，一是多种需要的全面性，二是多种需要的统一性。

首先，师范生作为完整的"人"，只有当双重属性的多重需要全部被满足，才有可能实现完整的生命价值。一方面，师范生首先是独立的个体存在，个体性发展是生命化发展的基础，只有在满足人的基本生存欲求及个体多元化自我发展需要的前提下，生命才得以推进。另一方面，师范生也是社

---

① 梁漱溟. 人心与人生 [M]. 上海：学林出版社，1984：22.
② 叶澜，郑金洲，卜金华. 教育理论与学校实践 [M]. 北京：高等教育出版社，2000：136.

会性存在，其社会化过程是生命化发展的必要条件，职业准备需要与专业发展需要赋予师范生社会角色与社会价值，是生命完善需要实现的重要环节。由此，基于人的属性的二重性，如若为满足其中任何一种属性的需要而忽略另一方，师范生终将是片面化的。只有在作为个体自然人的需要与作为社会人的需要，即基本生存、自我发展、职业准备、专业发展需要全部满足时，其个体生命与社会生命才能得以舒展，完整的"人"的价值才能得以实现。

其次，只有在作为个体人的需要与作为社会人的需要统一时，也就是将教师的社会角色追求内化并融合于去职业化背后的个体自然人的人生追求时，将职业追求主动上升为个人所崇尚的人生信念、终极价值时，双重需要才能得以真正"相遇"，生命完善需要才能真正得以实现。[①] 如若师范生的基本生存、自我发展、职业化与专业发展需要指向不一致，也就是师范生作为个体的人的自我发展需要与师范生的社会身份角色需要不匹配，将教师职业当成为解决基本生存问题的被动选择或无奈之举，对教师职业本身缺乏认同感与主动追求的意愿，那么师范生是无法在未来的职业生涯中全面实现自我的。由此，师范生应该把教师职业当成一种终身理想来加以追求，把教育教学活动视为一种促进人性完满的活动来加以对待，享受教师职业所包含的幸福、快乐、价值和尊严，其生命才能真正趋于完善。

三、以激发师范生生命活力为行动方向

行动层方向的设定是重构价值取向的具体表现形式。在"以师范生为本"的价值观念及以师范生生命完善为需要的指引下，同时也为了规避传统师范教育价值取向中行动方向层的工具化问题，应设定激发师范生生命活力的行动方向，表现为人文化的课程设置、生成性的教学范式以及平等交往的师生关系等具体实践路径。

需要特别说明的是，师范教育价值取向行动方向层所外显的实践路径仅针对师范生培养阶段。但在"以师范生为本"的价值观念中所涉及的师范生

---

① 胡晓珊. 我国师范教育课程价值取向的审思及重构［J］. 高教探索，2020（6）：81—85.

的存在方式，以及师范生生命完善的需要中所包含的多阶发展需要，均不局限于师范教育阶段，而是包含着师范生从准教师到教师的生命成长全过程。因此，师范教育价值取向行动方向层的相关举措只能以直接满足或间接促进的方式"回应"观念与需要。另外，基于师范教育的复杂性，师范教育阶段的行动方向对观念与需要的"回应"是无法一一对应的，从而呈现出一种交叉的、整体性的满足或促进关系。

（一）人文化的师范教育课程设置

师范教育的课程设置直接关系着教师质量，关系着教育整体质量的提升。我国传统的师范教育课程主要由公共基础课、学科专业课和教育专业课三大板块构成，各部分之间相对封闭隔离，强调理论、忽略实践，强调技术、忽略能力等现象较为明显。立足"以师范生为本"的价值观念，以师范生生命完善为需要，师范教育价值取向的行动方向层应以师范生作为完整的"人"的全方位需要为依据来组织和设计课程，在处理好"人文性与专业性""学术性与师范性""理论水平与实践能力"和"专业情感与专业素养"等几对基本关系的基础上，做到以下几点：增加通识性、人文类课程，加强综合素养及人学修为的培养；强化专业课程，奠定坚实的教育教学基础；重视实践课程，强调有效反思及理论与实践的结合；推进课程对生活世界的融入，强调基于真实生活场景课程的开展；增加生活体悟类课程，促进专业能力、专业情感的生成。

1. 课程中的基本关系

基于师范生生命完善的需要，师范教育的课程设置应以师范生个体性发展需要与社会性发展需要相兼顾、相融通为原则，把握好课程中"人文性与专业性""学术性与师范性""理论水平与实践能力""专业情感与专业素养"等几对基本关系。

首先，人文性与专业性的关系。人文性与专业性是师范教育发展所面临的最基本的矛盾。传统师范教育过于偏重社会需求，强调师范生的社会价值，忽略了支撑教师职业的自然人的存在。基于"人"的完整性，师范教育的课程设置应着重把握两方面的问题。一方面，师范教育的对象是师范生，

是无数鲜活的生命，因此如何实现师范生自然个体的发展需要，促进其多元化发展，是师范教育课程设置应重视的主要问题之一。同时，师范生未来进入教育领域后所面对的学生也是具有丰富个性的"人"，如何引导师范生具备理解学生、尊重学生等基本人学素养，也是师范教育的关键所在。从这个角度来看，师范教育课程应加强其人文性，以满足去职业化的师范生个体性发展需要及其未来学生的生命发展之需。另一方面，师范教育作为社会事业，具有社会发展功能，师范生作为未来教师的这一社会身份必然承担着教育职能，也具有社会性发展的需要，就这个方面而言，师范教育课程应持续加强师范教育的专业性。

其次，学术性与师范性的关系。学科知识是教师应该具备的最基本的知识，而教育知识是其学科知识有效传递的基本保障。"师者，所以传道授业解惑也""学高为师"等传统教师观将教师设定为知识的传播者，并尤为重视教师自身的知识储备。在很长一段时间内，我国的师范教育课程过于关注师范生未来所要教授的学科知识，导致学科知识的地位明显高于教育知识和教学实践。20世纪中后期，师范院校逐渐走向综合化，为争取自身的发展空间和学术地位，增加了非师范专业的办学比例，导致学科知识的专业性降低，教育类课程的占比削减，师范性持续弱化。然而，教育教学活动是面向于人的专业社会活动，教师除了应知晓"教什么"，还应明确"怎么教"。为促进师范生向教师角色顺利过渡，为其社会性需要的实现奠定基础，在加强学术性聚焦度的基础上，回归师范性是当前师范教育课程改革的首要命题。

再次，理论水平与实践能力的关系。实践性是教师职业的本质属性，实践能力是教师素养中尤为重要的部分。师范生作为教师行业未来主力军，其实践能力的生成是职前教师培养的关键所在。然而传统师范教育秉承从理论到实践的逻辑，遵循"授受为主，课堂中心"的模式，虽奠定了师范生较为扎实的理论知识基础，却不利于其实践能力的养成，与教师专业发展的实践范式形成巨大反差。近年，学界重新认识到理论与实践的关系并非简单的决定关系，而是相互转换的关系，由此大力推崇实践取向。但在具体执行过程中，部分师院仅停留于单纯延长教育实习时间，导致其效果不尽如人意。我们认为，理想的教师形象是集理论知识与实践能力于一身，是有知识、懂研究、会反思，并能创造性地解决教育问题的教育家。为了推进师范生理论知识的内化及实践能力的生成，促进师范生社会性发展需要的满足，在师范教育课程安排和设置时应相应地考虑到实践能力获取的有效性问题，并在此基础上加强理论知识与实践能力的统一，打破既往高度理论化、脱离实践的倾向，以及一味强调无效实践、弱化理论的局面。

最后，专业情感与专业素养的关系。情感是人对客体需求满足程度的主观感受。教师的专业情感是教师个体或群体在教育专业活动中所获得的感受和体验。教师的情感丰盈是教师认识自己、尊重学生、热爱教育职业的基础。教师职业情感的认同是教育信仰生成的前提。只有在专业情感生成及职业情感认同的基础上，才能有效促进教师的人生理想与职业理想的趋同，推动教师个体性发展需要与社会性发展需要的内在融合。然而，传统的师范教育课程尽管涉及知识体系、技能方法、实践能力等，却往往不仅忽略了师范生自身的情感需要，还忽略了师范生对于教育专业的情感生成以及对未来学生心理感情理解能力和共情能力的培养，更忽略了师范生对于教师职业情感认同的熏陶。因此，为提升师范生社会性需要的层次，师范教育课程要大力强化准教师专业情感层面的体验与陶冶，促进其专业情感的生成与发展，全方位提升专业素养。

2. 课程的建构

为满足师范生的多重发展需要，师范教育课程应着重于：以全面的通识性及宽泛的人文类课程促进师范生作为自然个体的多元化发展及其生命价值理解素养的形成；以切实的学科专业课程及以心智研究为主的教育类理论课程奠定坚实的教育教学基础；重视实践课程，强调有效反思及理论与实践的结合，提升师范生专业度；推进课程与生活世界的融合，贴近师范生的真实生活以促进师范生专业知识、能力的内化及发展，并加强对教师完整生活世界的体悟，以生成专业情感，强化职业认同。

一是增加通识性、人文类课程，加强文理渗透与人文精神熏陶，培养师范生全面的综合素养及其良好的生命理解能力。师范教育的对象是师范生，师范生未来工作的对象是学生，二者都是鲜活的个体生命，是有待于进一步发展的个体存在，因此师范课程的设置应加强一般性科学文化知识及人文素

养相关学科。一方面，以宽口径的通识性课程来优化师范生的知识结构，增强师范生的文化底蕴，拓宽其生命视野，充分发展并健全师范生个性、能力、潜能及人格，促进师范生个体生命的良性发展。另一方面，以人文社科类课程促进师范生人文精神与生命理念的形成，为师范生生命理解力及人学修为的形成奠定基础，以真正理解并认可未来学生作为完整的"人"的主体地位，承认、尊重并接纳学生的主体性、能动性与独特性，推动师范教育的生命化延续。

二是强化专业知识课程，奠定坚实的教育教学基础。专业知识类课程包括学科专业课与教育专业课。就学科专业课程而言，基于教学活动的复杂性和创造性，应以师范生对学科专业知识内容、结构、原则的理解和内化为基础。为了更好地实现对学科知识的理解和内化，在学科专业课程设置上，一方面，要加强理论知识与师范生经验的结合，从而赋予抽象的理论知识以"可感知性"；另一方面，应切合中小学学科教学的实际，有针对性地开展学科专业课程，加强学科专业知识与中小学教学内容的对应性与相关性，深化学科专业知识课程的切实度，以增强纯粹的理论知识的"可使用性"。同时，与传统师范教育简单将学科专业知识视为师范教育全部内容不同，师范生要成为其未来学生生命完善的促进者与引导者，不仅应具备所教学科的专业知识，还需具备教育类知识，以遵循教育规律、儿童身心发展规律的教育教学方法来授课及育人。在师范课程设置中应加大教育类课程的占比，结合真实的教育情景，注重教育学、心理学、教学法等教育类课程的系统性、实用性及相关性。

三是重视实践课程，强调有效反思及理论与实践的结合。师范生是具有自主意识的主体，而非纯工具性的存在，实践课程强调师范生超越技能的专业能力的生成，其关键之处在于加强基于实践的有效反思以及理论与实践的结合。

一方面，要加强实践课程中的有效反思。师范生的教育实践不能仅仅停留于单纯机械地借助"肌肉记忆"获取某项技能，而是有赖于在具体实践中习得、体验、分析和反思，这是一种"在行动中反思"的过程。正如舒尔曼所言："教育实践不只是简单地把所学的知识应用于实践，而是需要'教师的判断'这个中介，即在不确定的情况下，教师必须学会变化、适应、融会贯通、批判、发明。"① 由此我们认为，实践能力之所以能够生成，除了要求教师在真实的、变化的、复杂的教育情境中主动探索和体验之外，更关键的是要通过教师个人信念、知识、感情、经验和自我反思来促进其生成。如果缺乏这种自主性的反思环节，实践行为则与技术化行为如出一辙，无法升级为一套行之有效的、足以灵活应对教育情境中各种可能性的能力或智慧。然而，作为准教师的师范生尚不具备良好的理论基础及理性思维能力，其在实际场景中的问题反思也缺乏教育信念与批判能力的支撑。因此，师范教育应加强与教师、同伴、环境的互动，以"观摩""体验""分析""讨论""总结""比较""评价""实验""探究"等方法促进师范生进行有效反思。这种行动与反思的交替过程是一种"行动—回顾行动—意识到主要问题—创造其他行动方案—尝试"的螺旋上升的过程，可以保证师范生有效获得实践能力。

另一方面，应强调实践与理论的融合。理论知识的获取和实践能力的生成不是截然分开的两个环节，而是水乳交融、彼此促进的。只有通过"学中做、做中思、思中悟"的无限循环，才能推动理论知识的内化及实践能力的生成。由此，师范教育课程应加强教育理论与实践的有机融合，使之相互支持、相得益彰。具体而言：其一，强调二者课程安排的合理搭配，区别于传统师范教育先理论后实践的模式，以全程式的、浸入式的形式，将实践类课程穿插于理论课学习，将案例、微格、观摩、见习、实习分布于完整学制之中。其二，注重二者课程内容的有机结合，强调理论课程的实践化与实践课程的理论化设置。将抽象的理论课程放置于真实的教育实践场景或案例之中，密切联系师范生的经验世界以促进理论的理解和内化。同时在具体的实践课程中结合相关理论，将理论大致还原为实践操作对应的原理或方向，增强实践的有效性。

四是推进课程对生活世界的融入。人类所有的教育都是在人的现实生活

---

① 舒尔曼. 理论、实践与教育的专业化［J］. 王真幼，译. 比较教育研究，1999（3）：36—40.

世界中进行的,师范生及教师的现实生活与教育结合,有助于知识的理解、内化,能力的发展以及情感的生成。

一方面,师范教育课程应尽可能基于真实生活场景来展开。陶行知提出"生活即课程"的课程理念:"我们的实际生活,就是我们全部的课程;我们的课程,就是我们的实际生活。"① 其一,从教育规律的角度来看,课程来源于生活。课程内容贴近师范生切身体验,有助于师范生对知识的理解及能力的生成,并激发师范生的学习主动性和创造性。其二,从师范生专业能力生成的角度来看,师范生的专业能力是个体的、经验的、内隐的,是源于实践情境的"洞见",这种特殊的教学能力或智慧是不能直接从理论中转化而来的,抑或从统一、标准化的技艺程序中获取,而只能在真实的实践情境、教育生活场景中通过实践和反思来生成。

另一方面,增加体验课程,重视对教师生活状态的体悟,促进师范生专业情感的发展。师范教育课程应加强师范生对教师完整生活世界的体悟与感受,将师范教育与教师整体的生活世界体验相结合,促进师范生对教师生命的格局和价值的充分感知和认同。唯有如此,才可能在潜移默化中加强师范生教育信念及教师角色转换的适应性,促进专业情感的生长,并在未来的工作中迸发出满满的生命活力。由此,师范教育课程应给予师范生走进教师的生活和内心的机会。师范教育课程除传统的通识课程、学科专业课程、教育类课程和教育实践外,还应增加"生活课程"的建设,如进入教师的家庭,走进教师的生活和内心,对教师整个生活景观以及教师本人的工作、生活、社会角色、社会地位、生存状态乃至生存意义有一个全面、深入、细微的感知和了解。如此"以身体之,以心验之",师范生方能产生真实的生命体验,形成情感共鸣、职业认同,实现教师职业、教育信仰与人生理想的统一。

(二)生成性的师范教育教学范式

在传统的师范教育课程中,无论是理论知识的掌握还是实践能力的培

---

① 陶行知. 陶行知全集(第 2 卷)[M]. 成都:四川教育出版社,1985:17.

养，在教学模式上往往都表现为按部就班的知识灌输或技能训练式教学，以单向授受或机械模仿为主要形式。"这样的教学模式排斥教学过程中的'断裂''转变''分叉''理解'，缺失了对智慧的刺激，对道德审美的体验，对生活的感悟，课堂成为缺乏活力与意义呈现的'祛魅'的世界。"① 也就是说，传统师范教育教学范式忽略了师范生与外界的自主互动，有悖于师范生应然的存在方式。

而在以"人"为立场的师范教育价值取向重构中，要凸显师范生动态的、主动的生长发展过程，则应摒弃先验的固定不变的本质预设和人性预设，遵从"生成性"的原则来展开。黑格尔曾指出，生成是无的否定或有的否定的否定，生成是无和有的统一，强调事物发展的基础、起源、开始、发生和结果，即事物从什么开始成为什么。生成体现着人不断变化、主动超越、永无止境的过程。生成性的师范教育教学范式具体表现在以下方面：

首先，不拘泥于固定目标预设师范生的发展可能。传统师范教育培养模式限定了师范生的培养方向和维度，而师范生是具有主体能动意识及无限发展空间的存在物，师范教育教学范式应冲破预设主义的局限，根据师范生的需求、兴趣、特长、能力等，结合具体的教学情境及教学资源，灵动调整、适当放开、适度超越教学计划中的目标，为师范生的主体性、创造性、个性和专业性的生长留下足够空间。

其次，强调基于真实情景的多重互动的生成过程。传统师范教育教学通常是教师的"独白"，忽视了师范生的"参与"。师范生未来将面对的教育教学活动是一种与人的发展相关的创造性活动，它没有固定的程序和方法，也不能套用统一的模式。因此，师范生的"生成"只能以自身的知识储备、经验素养及专业素养等个人积淀为基础，在开放的、变化的、真实的教育活动场景中，通过师范生与他人及教学相关各因素的多重互动来实现。这种过程一方面促进着师范生与教师、与同伴之间共同参与、合作、探究、建构而形成关于对自我、他人、知识及教育的根本性认识，另一方面推动着师范生与

---

① 周建平. 从"科学认识论"到"生活认识论"——论教学的认识论基础的转换［J］. 教育研究与实验，2002（1）：19.

教育情境的互动，即通过自我体验、感悟、实践和反思而生成应对复杂多变的教学问题的能力。

（三）平等交往的师生关系

传统师范教育的师生关系重视教育的控制功能，遵从教育者和师范生之间的"权威－顺从"关系，强调作为主体的教师对作为客体的师范生的塑造。与传统师范教育的师生关系不同，"以师范生为本"的师范教育归还了师范生在教育场域中的本真地位。但这并非非此即彼的以师范生单方面为中心，否则又将陷入极端主义的漩涡之中，而是主张从以教师为中心的传统模式转向师生平等对话、平等交往的师生关系，表达着对作为主体的人的敬意。换言之，对师范生主体地位的尊重必须以承认师范生及教师双主体地位为前提，这是超越了"我－它"关系而结成的"我－你"关系，在平等交往的师生关系中，师范生的生命才得以舒展和绽放。与此同时，在此关系中，师范生会在无形之中生成一种建立在尊重、理解之上的师生观，凸显出生命平等的教育观，并在它们的深刻影响下奠定自己未来教育生涯的基调。

一方面，师生关系应当坚持主体间的平等对话。人本主义教育代表罗杰斯认为，教育的效果无关乎教师专业知识的多少或教学技能高低，而在于师生关系是否良好，情感沟通是否融洽。教师和师范生是作为具有独立人格的生命而存在的，因而师生之间的良好关系是通过两个平等主体之间的交往、对话、沟通实现的。首先，教师要正确认识自己及师范生的地位，把学生看成与自己拥有相同地位的独立的人，在教育活动中都是平等且具有自我意识和发展能力的探求者和实践者；要有意识地消解其话语霸权，多关注师范生的需求，将话语权真正交给师范生，明确自身在教育活动中承担引导、启发、鼓励、激励师范生的责任。其次，师范生应积极突破依附于教师的被动境地，在教育活动中充分发挥主观能动性和创造性，主动体悟、建构、反思。

另一方面，师生关系应当坚守主体间的平等交往。胡塞尔曾指出，知识的基础并不是客观，而是交互主体性，是主体间的关系，我是通过与客观世界以及他人之间的互惠式关系而获得人性的。也就是说，人是在交往过程中获取知识和智慧的。具体到师范教育活动，如若在封闭孤立、单向流动的教学活动中，教师将知识不加过滤地硬塞给师范生，师范生不加理解内化而被动接受，这并非交往关系，尽管师范生得到了知识，却不能形成智慧。如若师生之间敞开各自的精神世界，以合作互动、理解接纳、碰撞创造的方式实现真正的交往，就能发展或生长出新的知识及能力。这正如伽达默尔所认为的那样——对话的结果不是拉平，而是要激发或生成新的东西。

结　语

人类命运共同体视野下师范教育的时代担当

　　"人"作为世界的主体，其发展的最高境界是自由个性的实现，是人类整体的和谐。人类命运共同体的提出正是为了寻求全人类的共同利益和共同价值，为人类的长远发展提供了全新的视角。

　　2013 年 3 月，习近平总书记首次向世界提出"命运共同体"概念。① 2015 年，习近平总书记在第七十届联合国大会上提出人类命运共同体"五位一体"的总布局和总路径："一要建立平等相待、互商互谅的伙伴关系，二要营造公道正义、共建共享的安全格局，三要谋求开放创新、包容互惠的发展前景，四要促进和而不同、兼收并蓄的文明交流，五要构筑尊崇自然、绿色发展的生态体系。"② 随后，党的十九大报告将人类命运共同体共同的价值追求概括为："构建人类命运共同体，建设持久和平、普遍安全、共同繁荣、开放包容、清洁美丽的世界。"③

　　人类命运共同体是新时代中国共产党人为了人类更好地生存和发展，为了世界美好的明天而提出的人类社会的存在方式和发展模式，是根植于人的需要，立足于社会进步、国家发展和民族复兴的价值取向，是面向全人类的具体落实。人类命运共同体的构建呼唤着人的自由个性以及在此基础之上的包容和谐、共生共荣、合作共赢。教育在很大程度上影响着人的发展方向，而师范教育是教育的"母机"，直接关系着教师的素养，这对人类命运共同

---

　　① 《光明日报》评论员. 坚持推动构建人类命运共同体——十三论深入学习贯彻党的十九大精神 ［EB/OL］. （2017－11－9）［2023－4－11］. http://news. cctv. com/2017/11/09/ARTIlfAJnu 2QF9YAhxErcRU9171109. shtml.

　　② 习近平. 携手构建合作共赢新伙伴　同心打造人类命运共同体——在第七十届联合国大会一般性辩论时的讲话 ［N］. 人民日报，2015－9－29 (2).

　　③ 闻言. 坚持推动构建人类命运共同体　努力建设一个更加美好的世界 ［EB/OL］. （20018－10－31）［2023－4－11］. http://theory. people. com. cn/n1/2018/1031/c40531－30373106. html.

体的建构有着更为根本的意义。基于此，师范教育应坚守促进人类命运共同体实现的使命与担当，坚持"人类的尺度"，以人为本批判异化的集体主义，以人与世界的和谐为本批判人类中心主义，通过对师范生的培养影响教育活动，唤醒人的本性，探寻人类共同价值，培养世界公民意识，促进国际理解，为人类命运共同体的建构助力。

一、唤醒人的本性

人类命运共同体是在每一个个体实现自身利益的基础之上，自由联合而成的集合。人类命运共同体目标的实现以个人的自由全面发展为条件，以人类共生关系为保障。首先，社会化的一体性关系是以个人独立且个性充分发展为前提，只有在个人发挥其自由个性的条件下，"自由人的联合体"才真正成为可能。在该共同体中，个体自由全面发展的同时将所有个体整合，推动共同体发展，实现人的自由联合。其次，人的类本质的生成不是以人与人之间的断裂或隔绝为前提，而是以人与人的联结为基础，这种联结意味着，他人不是自身自由个性实现的屏障，而是必要保障，即"只有在共同体中，个人才能获得全面发展其才能的手段，也就是说，只有在共同体中才可能有个人自由"[①]，进而实现小我与大我、个人与他人、自我与他我、个人与自然、个人与社会、个人与世界的融合与统一，体现人与人、人与万物的开放性与相融性，以达成人类的共生共荣。

在人类命运共同体视野下，唤醒人的本性，也就是在人与自身、他人及社会的和谐共处中实现人的自由全面发展，是人类命运共同体建构的关键。因而，师范教育应养成师范生自我发展及其与外部世界和谐互动的意识与能力。也就是说，在推动师范生个体自由全面发展的同时，加强师范生与教师、未来学生及同伴的交往与合作，促进师范生成长与社会发展的互动，培养其与世界和谐相处的理念，实现师范生与自身、他人、社会乃至世界的共

---

① 中共中央马克思恩格斯列宁斯大林著作编译局. 马克思恩格斯文集（第1卷）[M]. 北京：人民出版社，2009：571.

生能力。只有师范生作为完整的"人"的本性被唤醒，才能彻底地通过教育活动促进人类朝着自由个性、和谐共存的目标发展。

二、探寻人类共同价值

人类命运共同体"既要讲人类共同的利益，又要讲不同国家、民族的核心利益，既要讲人类的共同价值，又要讲不同国家、民族的核心价值"①。为了实现人类的共同发展、共同进步，其关键在于共同价值的实现。"和平、发展、公平、正义、民主、自由"正是人类命运共同体所提出的人类的共同价值理念，是根植于各国家、各民族自身价值之间的求同存异，是人类命运共同体实现的思想基础。共同价值意识应通过教育的形式在全世界范围内传播、传承，以获得全人类的共同认可与接受。教育是人类共同价值培养和实现的主要途径，而师范教育作为教育的基础，必然践行着培养能够传递共同价值、共同利益的教育者的任务，以实现人类共同价值意识的代际传递。

三、培养世界公民意识

在经济全球化及共同体理念的促进下，国与国之间的界限正在缩小，"全球化创造出了超越民族国家的新型经济、社会和文化空间，正在促成超越民族国家界限的新的身份认同和动员模式"②。共同体内的个人既是各自国家的公民，代表着不同国家的利益，同时又应当是超越了国家，具有人类责任的世界公民。为加快不同国家之间共同世界公民素养的形成，师范教育应通过培养具有世界公民意识的教师，向后代传承自然、世界、国家、社会和人类命运休戚与共、和谐共处的观念、知识和能力，以及国与国之间、人与人之间公平公正的伦理意识。

---

① 韩庆祥，王炳林，等. 人类命运共同体与共同价值 [J]. 社会主义核心价值观研究，2017 (4)：14.

② 联合国教科文组织. 反思教育：向"全球共同利益"的理念转变？[M]. 联合国教科文组织中文科，译. 北京：教育科学出版社，2017.

四、促进国际理解

习近平总书记在党的十九大报告中提出,"要尊重世界文明多样性,以文明交流超越文明隔阂、文明互鉴超越文明冲突、文明共存超越文明优越"①。人类命运共同体是中国提出的新型国家关系原则,也为我国师范教育发展提出了新的方向。虽然当前世界格局是由独立国家组成的,但是人类的共同价值追求、共同发展和人类的共同命运决定了教育必须站在人类整体的角度面向未来:在尊重不同民族和国家传统文化的基础上,以消弭冲突、加强理解为原则来审思、重构国际关系。在此导向下,师范教育应通过培养具有国际视野的教师,加速教育国际化,促进国民站在人类的视野,共享本国先进文化,理解、包容和吸收他国文化,以此推动国际间的理解,真正地做到不同国家间的同呼吸共命运。②

---

① 习近平在中国共产党第十九次全国代表大会上的报告 [EB/OL]. (2017—10—28) [2023—4—12]. http://cpc. people. com. cn/n1/2017/1028/c64094—29613660. html.
② 胡晓珊. 人类命运共同体视野下艺术师范生共生能力探究 [J]. 四川戏剧,2020 (9):144—147.